DIREITOS HUMANOS

em seus desafios contemporâneos

DIREITOS HUMANOS
em seus desafios contemporâneos

Angela Randolpho Paiva
(org.)

Editora PUC Rio

PALLAS

© Editora PUC-Rio
Rua Marquês de S. Vicente, 225, Projeto Comunicar, casa Editora/Agência
Gávea – Rio de Janeiro – RJ – CEP 22453-900
Telefax: (21) 3527-1760/1838
www.puc-rio.br/editorapucrio - edpucrio@puc-rio.br

Conselho editorial
Augusto Sampaio, Cesar Romero Jacob, Fernando Sá, José Ricardo Bergmann, Luiz Alencar Reis da Silva Mello, Luiz Roberto Cunha, Miguel Pereira, Paulo Fernando Carneiro de Andrade.

Revisoras
Nina Lua Ferreira e Tereza Rocha

Capa e miolo
José Antonio de Oliveira

Imagem de capa
James Criedland
http://james.cridland.net

© Pallas Editora
Rua Frederico de Albuquerque, 56
Higienópolis – Rio de Janeiro – RJ – CEP 21050-840
Telefax: (21) 2270-0186
www.pallaseditora.com.br - pallas@pallaseditora.com.br

Editoras
Cristina Fernandes Warth e Mariana Warth

Coordenação editorial
Raphael Vidal

Produção editorial
Aron Balmas

(Este livro segue as novas regras do Acordo Ortográfico da Língua Portuguesa.)

CIP-BRASIL.CATALOGAÇÃO-NA-FONTE
SINDICATO NACIONAL DOS EDITORES DE LIVROS, RJ

Direitos humanos em seus desafios contemporâneos / Angela Randolpho Paiva (org.). – Rio de Janeiro : Ed. PUC-Rio : Pallas, 2012.
200 p. ; 21 cm
Inclui bibliografia.

ISBN (Pallas) 978-85-347-0493-9
ISBN (PUC-Rio) 978-85-8006-068-3

1. Direitos humanos. 2. Movimentos sociais. 3. Cidadania. I. Paiva, Angela Randolpho.
CDD: 323.4

Sumário

Apresentação

Angela Randolpho Paiva

A FRUIÇÃO DE DIREITOS HUMANOS NAS SOCIEDADES OCIDENTAIS modernas sempre esteve fortemente relacionada à construção da cidadania no seu pertencimento ao Estado-nação. Sua gênese se situa nas grandes rupturas ocorridas no Ocidente: a religiosa, com o pluralismo religioso possível após a Reforma; a filosófica, quando a partir do Iluminismo o indivíduo passa a ser o elemento fundante da concepção de sociedade; e a política, no momento em que essas ideias se materializam no Estado de direito das Constituições escritas a partir do final do século XVIII. Surge assim a concepção do indivíduo portador de direitos nas sociedades modernas como o princípio orientador da nova organização social. Se em um primeiro momento o ideário de direitos, em especial a liberdade e a igualdade, era restrito a um pequeno grupo desses indivíduos nas democracias liberais que nasciam, foi, de qualquer forma, uma força poderosa a inspirar vários movimentos que reivindicavam ser também portadores dos mesmos direitos. No século XIX foi a luta pelo sufrágio universal, e o que se viu ao longo do século XX, nos mais variados tipos de movimentos sociais, foi a luta pelo reconhecimento de novas demandas, com o pedido de inclusão para a fruição de direitos por parte de vários grupos sociais até então excluídos de tal ideário, em especial a classe trabalhadora. Mais recentemente, os grupos se organizaram nos vários "novos" movimentos sociais, como o de mulheres, os grupos étnico-raciais, de minorias, e, mais recentemente ainda, o dos gays, dos deficientes físicos, dentre muitos outros.

Se inicialmente isso ainda era pensado apenas no plano abstrato, forjando uma nova ontologia dos acordos societários subsumida na filosofia dos direitos naturais, vale dizer, a concepção norteadora de que todos são livres e iguais, ela vira um projeto que começa a se realizar de maneira concreta nas primeiras Constituições escritas sob esses princípios, em especial a francesa e a americana. Mas eram ainda cartas de princípios que contemplavam apenas grupos restritos, melhor dizendo, os homens, os homens com renda, os homens com renda brancos dessas poucas sociedades que se costuma hoje chamar de "sociedades ocidentais".

Assim, houve nas sociedades ocidentais ao longo do século XX a constante demanda pela ampliação da participação na esfera pública dos países democráticos, com a reivindicação crescente por uma maior fruição desses diretos. Não apenas isso: com a consolidação das democracias de bem-estar social, essa esfera pública tornou-se cada vez mais complexa, uma vez que chegaram novos direitos – os direitos sociais – que asseguraram vida longa às sociedades capitalistas, sendo o direito à educação universalizada o mais importante deles. Assim, passou a prevalecer a ideia de cidadania como o "direito a ter direitos", na definição precisa de Hannah Arendt.

O período do pós-guerra foi uma época de grande otimismo, bem explicitado na famosa análise de T. H. Marshall acerca do ganho de tipos de direitos para um novo *status* para o cidadão, visto que este passou a ser contemplado com vários tipos de novos direitos. Para analisar o caso inglês, Marshall criou uma tipologia com três momentos distintos: no primeiro, os direitos civis foram conquistados com as liberdades individuais garantidas pelo Estado e passando a valer a partir do século XVIII. Em um segundo momento, os direitos políticos são demandados, com o direito ao voto cada vez mais ampliado ao longo do século XIX, culminando com o sufrágio universal conquistado no início do século XX. Por último estariam os direitos sociais, com os direitos coletivos assegurados pelo Estado do bem-estar social, em especial depois do pós-guerra, quando os cidadãos, independentemente de sua renda, adquiriram novo acesso aos bens sociais, como educação, saúde e direito ao processo legal.

Mas tal percepção otimista de uma crescente inclusão – que traria a ambicionada igualdade no próprio sistema capitalista – durou pouco e passou a ser questionada a partir dos anos 1960 nas sociedades de capitalismo avançado. Novos atores surgem na esfera pública mostrando a incompletude, e mesmo a falácia, desse arranjo societário que não logrou prover os direitos de cidadania para amplos setores de suas sociedades. Vários movimentos surgem nesse momento, tais como o dos direitos civis dos negros nos EUA, o feminista e o da juventude em países europeus e nos EUA, dentre os que ganharam maior visibilidade e maior eficácia.

Pode-se dizer que houve mesmo uma mudança de paradigma: a ideia de direitos foi questionada porque ainda estava subsumida nas mesmas relações de poder de sempre – o masculino, o branco, e o branco que pertencia às elites que controlavam até mesmo o acesso ao sistema público de ensino. Nesses países, chegaram denunciando não só a supremacia dos grupos dominantes, mas também o acesso à esfera pública de maneira subalternizada, diferenciada, ou mesmo invisibilizada. Os protagonistas de movimentos sociais passaram então a simbolizar o novo dinamismo dos acordos societários desses países. Em suma, foram lutas pelo reconhecimento de novas identidades: do negro, das mulheres, do jovem e, em épocas mais recentes, dos povos indígenas e dos gays. Tais lutas encontraram respaldo num Estado ainda em condições de atendê-las. Além do mais, e em contrapartida, os movimentos de descolonização e a globalização, com novas questões, como o meio ambiente, a soberania dos povos e o pacifismo, vão trazer novas pautas para o cada vez mais complexo arranjo sociopolítico mundial.

No caso brasileiro, a redemocratização do país, cujo processo se inicia na década de 1980, traz essas discussões em formatos próprios. Com a nova Constituição de 1988 é iniciado o processo de constante ampliação de uma esfera pública sempre muito refratária a mudanças. Assim, as demandas dos países centrais mencionadas acima também estão presentes no Brasil, ao lado de demandas reprimidas no arranjo social de grandes *deficits*, tais como a questão agrária e a habitacional. Incluem-se a partir de então novas demandas, como a dos povos indígenas, que chegam com novo *status* a partir da Constituição de 1988 e de vários outros grupos que se organizam: negros, deficientes físicos, moradores de favelas, dentre os mais organizados.

Mas o arranjo societário brasileiro traz em si um grande paradoxo: ao mesmo tempo que tem de atender às novas demandas de grupos organizados - até então reprimidos com 21 anos de fechamento político -, ele sofre restrições com a opção neoliberal prevalecente desde a década de 1990. Se este é um fenômeno mundial que está ocorrendo tanto nas sociedades centrais quanto nas periféricas, nestas últimas essas questões se tornam mais cruciais e com um remédio mais amargo. Isso significa ainda que a própria ideia de direitos e pertencimento aos Estados-nação tenham de ser mais uma vez revista e ressignificada para que se entendam as demandas variadas de uma sociedade cada vez mais globalizada e complexa.

Assim, o século XXI se inicia com vários *deficits* e novas questões sociais, impensadas antes dos grandes fluxos migratórios que ocorreram nas últimas décadas do século anterior, ou ainda com o surgimento das novas redes que se formam na reivindicação de políticas culturais e na demanda por fruição de direitos. Algumas são questões novas e outras são questões reprimidas, que voltam com força em movimentos de protesto em que a luta por direitos passa não apenas pela ideia de igualdade inerente a todos os cidadãos, como também pelo reconhecimento à diferença para a realização de suas novas identidades.

Este foi o tema do seminário organizado pela Cátedra Fulbright da PUC-Rio, em junho de 2011 - "Direitos humanos em seus desafios contemporâneos" -, reunindo vários acadêmicos de universidades brasileiras e americanas em torno da questão dos direitos em suas várias formas. Como temas centrais, foram abordadas as questões do pertencimento, do reconhecimento, do constante fluxo de movimentos reivindicatórios, até a questão das políticas culturais.

Apontou-se a necessidade de se repensarem novos marcos analíticos para compreender a complexidade da pauta ora colocada, uma vez que são questões que não só requerem a reflexão no nível epistemológico, mas também na sua dimensão ontológica. Essas duas dimensões se fazem necessárias porque vários desses movimentos pedem a reconfiguração *cultural* do acordo societário, pois lutam não só por direitos antes negados, como também pelo respeito às identidades antes não reconhecidas. No caso americano, sobressaem as questões dos latinos e dos negros, e no Brasil, as dos negros e dos povos indígenas. No caso brasileiro, há ainda a radicalização da ideia do "direito a ter direitos", agora ampliada a vários grupos que não faziam parte do arranjo societário anterior e que tinham um acesso extremamente precário à esfera pública. Além do mais, neste mundo globalizado, as mudanças culturais se impõem pela própria produção cultural e novas tecnologias de informação, que ajudam a problematizar também o que ocorre no mundo árabe, palco de vários movimentos sociais que reivindicam exatamente o direito a ter direitos. As análises apresentadas aqui tentam dar conta de alguns desses desafios.

O texto de Vera Candau, "Educação em direitos humanos no Brasil", traz uma reflexão pertinente acerca de um dos grandes *deficits* para que a efetiva fruição dos direitos humanos se realize: a universalização de uma educação de qualidade. A autora pretende aqui aprofundar a expressão polissêmica "educação *em* direitos humanos" ao fazer a análise das condições necessárias para que a educação brasileira possa ser o meio para a efetiva consciência de direitos, num país em que esta consciência é frágil e mediada por uma cultura política na qual ainda predominam práticas clientelistas e corporativas. Os direitos são assim concebidos como uma "dádiva". Lembra a orientação do Programa Mundial para a Educação em Direitos Humanos da ONU, que prescreve que esta deve incluir sempre duas dimensões: os direitos humanos no contexto educativo, ou seja, em seu processo, e a realização dos direitos humanos na educação, que diz respeito à ideia mais geral de assegurar os direitos humanos a todos os atores implicados nos processos educativos.

O artigo de Maria da Glória Gohn, "Movimentos sociais e cidadania", aborda as novas demandas da sociedade civil brasileira, mapeando as reivindicações na primeira década do milênio. A autora nos mostra as questões trazidas pelos movimentos populares urbanos e pelos povos indígenas. Apesar de ser uma discussão focalizada no Brasil, são questões que dizem respeito a outras realidades da América Latina. Na temática dos movimentos sociais, Maria da Glória Gohn nos adverte ainda sobre os possíveis perigos de que velhas práticas da cultura política brasileira estabeleçam certo "controle" na reivindicação de grupos que se organizam na luta por direitos não reconhecidos.

Quanto à análise de temas mais específicos, Nancy Hanrahan, em "Feminismo e políticas de reconhecimento: uma história cautelosa", faz uma excelente síntese do que significou a emergência do movimento feminista na década de 1960 para trazer à tona a discussão acerca da subalternidade da mulher. Mostra a importância das discussões acadêmicas que vão desembocar, em um momento posterior, nas discussões sobre gênero, vale dizer, na ênfase dada às especificidades da mulher nas demandas pelo reconhecimento de suas diferenças como igual direito. A autora mostra a tensão entre o universalismo (a ideia de que todos, homens e mulheres, são iguais) e o particularismo (por exemplo, a licença maternidade) nessa discussão, e o que pode vir a ser a encruzilhada dos estudos sobre gênero nos Estados Unidos. Termina com uma importante discussão sobre políticas de identidade na sua relação tensa com os arranjos neoliberais e defende que as políticas de reconhecimento certamente representam um terreno fértil na luta pela igualdade social.

Já o artigo de Suzanne Oboler, "Direitos humanos, dissidência e a construção de uma cidadania substantiva: imigrantes latinos nos Estados Unidos", discute a atualíssima situação desse grande grupo minoritário no cenário americano, sob três aspectos: a) conceitualmente, ao definir cidadania como a ideia primordial de pertencimento, ela mostra a complexa relação entre os latinos que estão há décadas nos Estados Unidos e as novas formas de preconceito e discriminação étnica a partir da década de 1990, depois do atentado de Oklahoma; b) isso a leva à segunda discussão, a importância da contextualização dos direitos humanos para se entender que os direitos são sempre negociados e revistos e, portanto, sujeitos a constantes perdas ou restrições; c) a terceira discussão proposta pela autora é a ontologia do social na sociedade americana do novo século – uma sociedade mais receosa e intolerante, profundamente distanciada de seus fundamentos mais básicos de pluralismo étnico, cultural e religioso.

A questão de pertencimento e fruição de direitos é também o tema de Antonio Carlos de Souza Lima em "Estado e povos indígenas no Brasil". De maneira exemplar, ele analisa as transformações das relações entre os povos indígenas e o Estado brasileiro a partir da Constituição de 1988, momento em que acaba a relação tutelada do Estado com os "índios". O autor aponta as relações tensas e contraditórias a partir de então, analisando os avanços e retrocessos nas gestões dos governos Collor, FHC e Lula, ao mesmo tempo que mostra os avanços nas próprias organizações dos povos indígenas e na sua interlocução com as agências internacionais. Antonio Carlos ressalta ainda a importância da academia em produzir a *intelligentsia* indígena, assim como o papel dos acadêmicos em desnaturalizar as novas formas que podem vir a ser retrocessos reais na relação entre os povos e o Estado.

Como uma última questão que pode ilustrar os desafios ora postos nas sociedades brasileira e americana, John Stanfield, um afro-americano, aborda a questão racial. Em "Direitos humanos e os extremos polares do 'branco puro' e do 'negro puro' em sociedades com legado escravista: Brasil, Estados Unidos e África do Sul", o autor faz uma análise autoetnográfica de suas experiências nesses países. Ao investigar o que é ser afrodescendente nas três sociedades que carregam este legado, ele mostra como estar colocado no "extremo negro" do gradiente de cor significa maior invisibilidade e mesmo negação de humanidade. Por outro lado, estar no meio do gradiente entre o extremo negro e o extremo branco traz diferenças significativas em cada contexto. Mostra ainda que as pesquisas sobre direitos humanos se concentram majoritariamente nos aspectos legais da cidadania para os de descendência negra nesses três países. E se pergunta: como, no início do século XXI, equacionar os ganhos legais das últimas décadas com a persistente incapacidade da sociedade mais ampla de aceitar a ideia de humanidade e respeito conquistados?

A análise feita por Bethânia Assy em "A dignidade dos invisíveis: invisibilidade social, reconhecimento e direitos humanos" certamente procura responder à pergunta de Stanfield. A autora mostra como a teoria do reconhecimento desenvolvida por Axel Honneth traz à luz de que modo as relações sociais são responsáveis pela formação valorativa dos sujeitos, assim como sua adesão ao acordo societário. Mostra ainda como a invisibilidade produz a privação de estima social, o que compromete a própria ideia de dignidade humana, questão vital para a fruição dos direitos humanos.

O artigo de George Yúdice, "Novos meios, direitos culturais, direitos de propriedade intelectual e novos ativismos", aborda uma questão bem contemporânea acerca dos direitos culturais. Partindo de uma discussão sobre o ideário de direitos que foram a base para a Declaração Universal dos Direitos Humanos das Nações Unidas, o autor discute a questão situada entre direito cultural e diversidade cultural, resultado dos processos de descolonização e de movimentos sociais de minorias nos países em desenvolvimento. Desenvolve a ideia de cultura usada como "recurso", no que chama de capitalismo cognitivo, o que requer a necessidade de rearticulação dos conceitos de direitos e de cultura. Termina analisando um sistema de autogestão cultural – o Circuito Fora do Eixo – que tem por objetivo a difusão de produtos culturais à margem da produção das grandes empresas de entretenimento.

O último artigo, de Mamede Jarouche, "Breves reflexões sobre os árabes e seus direitos (in)humanos", faz uma instigante reflexão sobre direitos humanos nos países árabes e analisa a onda de protestos ao longo de 2011, em vários desses países. Ele não só relativiza o ideário dos direitos humanos nas democracias "ocidentais", como também problematiza a relação dessas democracias com o Oriente. A partir de uma perspectiva histórica, o autor vai mostrar como os países árabes se tornaram reféns de interesses tanto internos quanto externos para que uma possível fruição de direitos se realize de forma efetiva. E como, depois do 11 de Setembro, "ser árabe" passou a receber uma carga bem maior de discriminação e preconceito.

Uma questão perpassa todos os textos para se entenderem os direitos humanos em seus desafios contemporâneos: como entendê-los em um momento de intensa desfiliação com o modelo neoliberal vigente. Porque está se vivendo um momento de grande complexidade no campo dos direitos: um modelo que desregula cada vez mais com a retração da atuação do Estado, mas que é demandado pelo próprio processo democrático, aliado às novas questões que se colocam no mundo em constante mudança. Os textos mostram as várias pautas que estão colocadas para as análises acadêmicas tanto no Brasil quanto nos Estados Unidos: o processo de invisibilização, a perda de direitos, novos atores que chegam pedindo a mudança cultural nos contextos sociopolíticos de ambos os países, trazendo novas narrativas de exclusão e mostrando a imbricação do caminho da cultura com o da política.

Também mostram que esse processo implica novos desafios conceituais: a teoria do reconhecimento, a teoria crítica da cidadania, a construção social de direitos, os estudos culturais e a discussão acerca de universalismo *versus* particularismo na construção do Estado-nação surgem com força teórica renovada. Além do mais, o ideário dos direitos humanos vai sempre trazer a necessidade de que as democracias, no caso em pauta, americana e brasileira se repensem para que a efetiva fruição desses direitos seja uma realidade. Foi uma felicidade a Cátedra Fulbright da PUC-Rio ter tido a oportunidade de promover uma discussão tão rica, como será mostrado a seguir.

Educação em direitos humanos no Brasil: gênese, desenvolvimento e desafios atuais

Vera Maria Candau

A PROBLEMÁTICA DOS DIREITOS HUMANOS É UM DOS COMPONENTES fundamentais das sociedades atuais. Do plano internacional ao local, das questões globais às da vida cotidiana, eles atravessam nossas preocupações, buscas, projetos e sonhos. Afirmados ou negados, exaltados ou violados, eles fazem parte da nossa vida pessoal e coletiva. Além disso, um discurso incisivo e persistente defende fortemente a importância dos direitos humanos se queremos construir verdadeiras democracias.

Desde a promulgação da Declaração Universal dos Direitos pela ONU, em 1948, no plano internacional foi construída uma sólida arquitetura dos direitos humanos através de inúmeros tratados, resoluções, pactos e declarações, de caráter ético, político e normativo. Os Estados que aderiram a esses diferentes documentos comprometeram-se a incorporar em suas políticas públicas a proteção e a promoção dos respectivos direitos. A Conferência Mundial sobre os direitos humanos, realizada em Viena, em 1993, para comemorar os 45 anos da promulgação da Declaração Universal, reafirmou, após intenso debate, a universalidade, assim como a indivisibilidade, a interdependência e a inter-relação dos direitos das diferentes gerações – civis, políticos, econômicos, sociais, culturais e ambientais. Também reiterou enfaticamente a relação entre democracia, desenvolvimento e direitos humanos.

No plano nacional, a partir da Constituição de 1988, denominada "Constituição Cidadã", que incorporou fortemente a afimação dos direitos humanos, o Estado brasileiro tem feito um esforço sistemático orientado à defesa e à proteção dos direitos fundamentais, respondendo em muitas ocasiões às demandas de diferentes movimentos sociais.

Hoje possuímos um significativo conjunto de leis e políticas públicas centradas na proteção e na promoção dos direitos humanos.

No entanto, esta realidade convive com violações sistemáticas, e em muitos casos dramáticas, desses direitos. No âmbito internacional a situação vem se agravando, particularmente a partir do atentado de 11 de setembro de 2001. Basta ler os jornais diários ou assistir aos informativos televisivos para que sejamos expostos às múltiplas e diversificadas violações dos direitos humanos e ao contínuo desrespeito às normativas internacionais relativas à proteção e à defesa da dignidade humana.

No nosso país a impunidade, as múltiplas formas de violência, a desigualdade social, a corrupção, as discriminações e a fragilidade dos direitos básicos constituem uma realidade cotidiana. A contradição entre a proclamação contínua dos direitos humanos e a experiência cotidiana de cada um de nós leva muitas pessoas hoje a afirmar que os direitos humanos constituem um discurso retórico, que serve mais para legitimar situações de violação do que ser um instrumento de luta pela justiça, pela paz e pela democracia.

Ao mesmo tempo, também é possível detectar neste cenário a progressiva afirmação de uma nova sensibilidade social, ética, política e cultural em relação aos direitos humanos. Nesta perspectiva, cresce a convicção de que não basta construir um arcabouço jurídico cada vez mais amplo em relação a eles. Se não forem internalizados no imaginário social, nas mentalidades individuais e coletivas, de modo sistemático e consistente, não construiremos uma cultura dos direitos humanos na nossa sociedade. E, neste horizonte, os processos educacionais são fundamentais.

Com estas preocupações, as questões relativas às relações entre educação e direitos humanos vêm sendo objeto de intensos debates e reflexões. Expressões como educação *como* direito humano, educação *para* os direitos humanos, educação *em* direitos humanos são muitas vezes utilizadas como sinônimos. No entanto, partimos do pressuposto de que é necessário distingui-las, sem negar sua inter-relação. A educação é, sem dúvida, um direito social. Mas é necessário aprofunda-se no conteúdo deste direito, sem reduzi-lo à escolarização; e, quanto a esta, articular as questões de acesso e permanência na escola básica às referidas ao polêmico tema da qualidade da educação. A expressão educação *para* os direitos humanos muitas vezes está referida exclusivamente à introdução de conteúdos sobre direitos humanos nos processo educativos, tanto no âmbito formal como no não formal.

No presente trabalho, o nosso foco principal está na educação *em* direitos humanos, nos sentidos que esta expressão tem, no desenvolvimento que ela tem tido no nosso país e nos desafios que apresenta na atualidade.

Educação em direitos humanos: uma expressão polissêmica

Nancy Flowers (2004), especialista estadunidense em direitos humanos e processos educacionais, com ampla experiência e produção nesta área, tanto nos Estados Unidos como em outros países de diferentes continentes, em um instigante artigo intitulado "Como definir a educação em direitos humanos", com o expressivo subtítulo "uma resposta complexa a uma pergunta simples", relata um fato que consideramos interessante para introduzir-nos nesta questão:

> (...) em janeiro de 2002, Shulamith Koenig, da organização Pessoas Comprometidas com a Década para a Educação em Direitos Humanos (PDHRE), publicou uma definição de educação para os direitos humanos na lista de discussão da Associação de Educação para os Direitos Humanos (www.hrea.org) e solicitou reações. Estabeleceu-se um debate eletrônico muito vivo. Essa lista de discussão possui mais de três mil educadores para os direitos humanos ao redor do mundo. (...) Entretanto, apesar de essa discussão ter ajudado a refinar questões vitais sobre educação para os direitos humanos (...), nenhuma definição de consenso emergiu dela (p. 106).

As definições se multiplicaram em função das experiências concretas e dos diferentes marcos político-ideológicos em que se baseavam os educadores em direitos humanos. Segundo a autora, os lugares de referência dos diversos atores – órgãos governamentais e internacionais, organizações não governamentais e universidades – implicavam diferentes óticas e perspectivas da educação em direitos humanos. Segundo os *respectivos loci* de atuação, ora era colocada ênfase na consolidação dos marcos institucionais e jurídicos já estabelecidos, na perspectiva de se afiançar a paz social, ora na importância de se mobilizar a transformação das estruturas vigentes numa determinada sociedade e no empoderamento dos grupos marginalizados, discriminados e excluídos, ora na dimensão ética da educação em direitos humanos e nos valores que pretende afirmar, como solidariedade, tolerância e justiça. Estas diferentes perspectivas não necessariamente se contrapunham, mas as diversas ênfases propunham finalidades diferenciadas para a educação em direitos humanos, o que, na prática, promovia processos que privilegiavam temáticas e estratégias distintas.

Este artigo explicita com clareza a polissemia da expressão "educação em direitos humanos" e a importância do aprofundamento da reflexão sobre esta questão, procurando sempre contextualizar o debate. Expõe diferentes dimensões e perspectivas deste conceito, mas aponta um certo risco de esquematismo e não contempla os possíveis trânsitos entre diversos *loci* de inserção e a possibilidade de inserções simultâneas.

Outra contribuição para o aprofundamento no sentido da educação em direitos humanos que consideramos de especial relevância se relaciona à pesquisa promovida no continente latino-americano pelo Instituto Interamericano de Direitos Humanos (IIDH) da Costa Rica, no período 1999-2000 (Cuellar, 2000). Essa pesquisa, coordenada pelo professor chileno Abraham Magendzo, um dos mais importantes especialistas em educação em direitos humanos no continente, foi orientada a fazer um balanço crítico da educação em direitos humanos nos anos 1990 na América Latina.

No processo de construção do balanço crítico, foi indicado um pesquisador ou pesquisadora de cada país para realizar um estudo de caso no seu respectivo contexto. Os países participantes foram Argentina, Chile, Peru, Brasil, Venezuela, Guatemala e México. Uma vez realizados os estudos de caso de caráter nacional, estes foram enviados a todos os pesquisadores e foi convocado um seminário pelo IIDH em Lima, Peru, no mês de novembro de 1999, para discussão e elaboração da síntese final do processo e para levantar questões consideradas importantes para o desenvolvimento da educação em direitos humanos no continente a partir do ano 2000.

Em relação à polissemia da expressão "educação em direitos humanos", os pesquisadores afirmaram a importância de não se deixar que esta expressão seja substituída por outras consideradas mais fáceis de serem assumidas por um público amplo, como educação cívica ou educação democrática, ou que restrinjam a educação em direitos humanos a uma educação em valores, inibindo seu caráter político. Por outro lado, afirmaram que hoje a educação em direitos humanos admite muitas leituras e esta expressão foi se "alargando" tanto que o seu sentido passou a englobar desde a educação para o trânsito, os direitos do consumidor, questões de gênero, étnicas, do meio ambiente etc. até temas relativos à ordem internacional e à sobrevivência do planeta. Tendo-se presente esta realidade, corre-se o risco de englobar tantas dimensões que a educação em direitos humanos pode perder especificidade, tornando difícil uma visão mais articulada e confluente, e terminando por se reduzir a um grande "chapéu" sob o qual podem ser colocados temas muito variados, com os mais diversos enfoques.

Ao final do seminário chegou-se ao consenso de que era importante, a partir do ano 2000, reforçar três dimensões da educação dos direitos humanos.

A primeira diz respeito à formação de sujeitos de direito. A maior parte dos cidadãos latino-americanos tem pouca consciência de que são sujeitos de direito. Esta consciência é muito débil; muitos grupos sociais – inclusive por terem a cultura brasileira e latino-americana em geral um caráter paternalista e autoritário – consideram que os direitos são dádivas de determinados políticos ou governos. Os processos de educação em direitos humanos devem começar por favorecer processos de formação de sujeitos de direito, nos níveis pessoal e coletivo, que articulem as dimensões ética, político-social e as práticas cotidianas, nos diferentes âmbitos sociais.

Outro elemento considerado fundamental na educação em direitos humanos é favorecer o processo de "empoderamento" (*empowerment*), principalmente orientado aos atores sociais que historicamente tiveram menos poder na sociedade, isto é, poucas possibilidades de influir nas decisões e nos processos coletivos. O "empoderamento" começa por liberar as possibilidades, a potência que cada pessoa tem para que ela possa ser sujeito de sua vida e ator social. O "empoderamento" tem também uma dimensão coletiva. Trabalha na perspectiva do reconhecimento e da valorização dos grupos socioculturais excluídos e discriminados, favorecendo sua organização e sua participação ativa na sociedade civil.

O terceiro elemento diz respeito aos processos de transformação necessários para a construção de sociedades verdadeiramente democráticas e humanas. Um dos componentes fundamentais desses processos relaciona-se a "educar para o nunca mais", para resgatar a memória histórica, romper a cultura do silêncio e da impunidade que ainda está muito presente nos países latino-americanos. Somente assim é possível construir a identidade de um país, na pluralidade de suas etnias e culturas.

Estes três componentes, formar sujeitos de direito, favorecer processos de empoderamento e educar para o "nunca mais", foram considerados prioritários na América Latina, referência e horizonte de sentido para a educação em direitos humanos, de acordo com a proposta do grupo de pesquisadores latino-americanos que participaram do estudo.

Consideramos que esta perspectiva aponta para a criação de uma cultura dos direitos humanos na nossa sociedade que penetre os diferentes âmbitos da vida social e impregne tanto os espaços privados como os públicos. Esta constitui a perspectiva a partir do qual nos situamos.

A educação em direitos humanos no Brasil

Entre os trabalhos que procuram construir uma visão de conjunto do desenvolvimento da educação em direitos humanos no Brasil está o da professora Aída Monteiro (2005) em que situa o percurso realizado identificando quatro fases do seu desenvolvimento histórico.

A primeira fase identificada por Monteiro corresponde às décadas de 1960 e 1970, denominada por ela de ativismo político, porque a "educação [em direitos humanos] era feita na clandestinidade, de forma espontaneísta e com base no senso comum" (p. 5).

No período de ditadura, de fechamento e autoritarismo político, era muito difícil desenvolver e explicitar práticas educativas que procurassem romper com o modelo de Estado vigente. Neste sentido, as iniciativas ficavam praticamente na clandestinidade. As organizações da sociedade civil foram as que mais contribuíram para o trabalho educativo, com um papel preponderante no processo de resistência e de luta pela reconquista dos direitos civis e políticos.

> A grande luta era em defesa dos presos políticos e a denúncia das violações aos direitos humanos, o que de certa forma forjava uma educação voltada para a conscientização dessas violações e da necessidade de mudança do regime autoritário e da defesa da soberania nacional em relação à dependência político-ideológica e econômica dos Estados Unidos (Monteiro, 2005: 6).

Esse processo contou com o importante apoio de profissionais da área artística, ligados à música, ao teatro, à literatura, e também com a ala da Igreja Católica mais progressista, especialmente das Comissões de Justiça e Paz – em particular a da Arquidiocese de São Paulo e do Rio de Janeiro –, a Ordem dos Advogados do Brasil (OAB), a Associação Brasileira de Imprensa (ABI) e instituições científicas, a exemplo da Sociedade Brasileira para o Progresso da Ciência (SBPC) e da Associação Nacional de Pós-Graduação e Pesquisa em Educação (ANPEd), entre outras.

Parece-nos que nessa fase, de grande importância, a educação em direitos humanos apresenta um caráter incipiente. Sua preocupação básica era a proteção desses direitos, fundamentalmente das vítimas da repressão, por meio da denúncia da tortura e de outras violações praticadas pelo governo ditatorial. Falar de educação em direitos humanos significa reconhecer a existência de intencionalidade, princípios, fundamentos teórico-metodológicos, práticas que a configuram e que, a nosso juízo, ainda não existiam nesse período.

A segunda fase do desenvolvimento da educação em direitos humanos identificada por Monteiro situa-se no processo de transição política e de redemocratização do país. Nela, as organizações da sociedade civil redirecionam suas ações, centrando a atuação em relação à reparação pelo Estado brasileiro das violações e à sua responsabilização pelas mesmas.

Nesse contexto de transição democrática, de busca da construção de um novo Estado de direito e de preocupação com a construção de uma nova cultura política e uma cidadania ativa profundamente atravessada pelo reconhecimento dos direitos humanos, surgem as primeiras experiências de educação em direitos humanos propriamente ditas.

Em 1985, vários profissionais, principalmente da área de Direito, participaram como bolsistas do 3º Curso Interdisciplinar de Direitos Humanos promovido pelo Instituto Interamericano de Direitos Humanos (IIDH), na Costa Rica. Esses profissionais eram oriundos de diferentes regiões do Brasil e, uma vez de volta ao país, constituíram um núcleo, coordenado por João Ricardo Dornelles, professor do Departamento de Ciências Jurídicas da Pontifícia Universidade Católica do Rio de Janeiro, que deu origem às primeiras experiências de educação em direitos humanos no país.

Interessa-nos destacar aqui que, a partir desse momento, foram várias as iniciativas realizadas em que se procurou trabalhar numa perspectiva de construção de uma rede que, além dos trabalhos realizados em diferentes partes do país, estabelecesse relações também com organizações e profissionais de países do Cone Sul onde também se desenvolvia o projeto, como Argentina e Uruguai. Com o apoio do IIDH, foram realizadas diferentes atividades, como cursos e seminários em várias cidades do país, muitas das quais com o apoio de secretarias estaduais e municipais de Justiça e Cidadania e Educação e universidades, tanto no âmbito de graduação quanto de pós-graduação. Também foram realizadas atividades, como cursos, seminários, oficinas, encontros, mesas-redondas, promovidas por sindicatos e organizações não governamentais orientadas para professores de ensino fundamental e médio, líderes comunitários, organizações populares e outros agentes sociais. Livros, cartilhas e outros materiais de apoio para essas diferentes estratégias foram publicados. Segundo Candau (2000: 94),

> no final da década de 80, com os governos eleitos através de eleições diretas, esse processo se fortalece e se multiplica. Pode-se afirmar que os diferentes grupos partiam da forte convicção militante de que era necessário construir a partir do cotidiano uma cultura dos direitos humanos, afetar as mentalidades em profundidade e criar novas práticas sociais para viabilizar a construção da democracia no país.

É importante ter presente que nesse período foram promulgados a Constituição Federal (1988) e o Estatuto da Criança e do Adolescente (1990), instrumentos jurídicos fundamentais para a promoção e a garantia dos direitos humanos.

Neste sentido, é possível afirmar que as principais preocupações que impregnavam as diferentes experiências nesse período podem ser sintetizadas da seguinte maneira: reforçar os processos de redemocratização do país e de construção de uma cidadania ativa e participativa.

A década de 1990, identificada por Monteiro como a terceira fase do desenvolvimento da educação em direitos humanos, por sua vez, pode ser vista como a da ênfase na formulação de políticas públicas na área de direitos humanos. Nesse período foi elaborado o primeiro Programa Nacional de Direitos Humanos e criada a Secretaria de

Direitos Humanos, vinculada então ao Ministério da Justiça, que se constituíram em referências importantes para essa expansão. A formação de militantes, promotores e educadores, promovida pelo Governo Federal através da oferta de cursos em níveis e instâncias variados da sociedade, é também uma característica dessa etapa.

Candau (2000) identifica nessa década dois movimentos que se entrelaçam em algumas iniciativas. O primeiro se situa na perspectiva da continuidade e da ampliação do que foi realizado na década anterior; o segundo se especifica pela incorporação de novos atores, particularmente do Governo Federal, que incorpora em alguns de seus órgãos profissionais oriundos de organizações e grupos da sociedade civil comprometidos com a luta pelos direitos humanos.

No que se refere ao primeiro movimento, é possível afirmar que, depois de uma pequena etapa de dispersão e falta de possibilidade de maior comunicação, os principais atores da década de 1980 começam a tentar se rearticular. Neste sentido, em 1994 é realizado no Rio de Janeiro um seminário que foi o embrião do que no ano seguinte daria origem à Rede Brasileira de Educação em Direitos Humanos. Essa iniciativa surgiu da articulação de várias entidades; seu objetivo era estimular e fortalecer ações nessa área.

É impossível abarcar todas as experiências que se desenvolveram no país na década de 1990. No entanto, gostaríamos de destacar que nesse período também foram criadas algumas instituições e organizações não governamentais que permanecem até o momento presente com incidência significativa e amplo reconhecimento pelos profissionais da área, como a Ação Educativa (São Paulo), a Novamerica (Rio de Janeiro) e a DHnet (Rio Grande do Norte).

No que diz respeito ao segundo movimento referido por Candau, destacamos a significativa entrada do Governo Federal no cenário da educação em direitos humanos. Nessa perspectiva, nos referiremos, em primeiro lugar, à formulação, por parte do Ministério de Educação, dos Parâmetros Curriculares Nacionais para o Ensino Básico.

Nos anos 1990, o movimento de reforma curricular promovido por diferentes organismos internacionais e incorporado pelos países latino-americanos assume a preocupação com uma educação para a democracia e os direitos humanos. Trata-se de um movimento articulado com os processos mais amplos da transformação estrutural neoliberal pela qual passa o continente.

No Brasil, a proposta dos Parâmetros Curriculares Nacionais pode ser colocada nesse contexto. Sua elaboração se apoia na Lei de Diretrizes e Bases da Educação Nacional (1996), que afirma no seu artigo 22 que a Educação Básica, da qual o Ensino Fundamental é parte integrante, deve assegurar a todos "a formação comum indispensável para o exercício da cidadania e fornecer-lhes meios para progredir no trabalho e em estudos posteriores".

Os Parâmetros foram publicados em 1997, com caráter de referência nacional para o Ensino Fundamental e orientador das diferentes ações políticas do Ministério da Educação. Na reformulação curricular proposta, destacamos a organização do conhecimento escolar em áreas curriculares e temas transversais. Estes são propostos na perspectiva da educação para a cidadania, como estratégia de introdução, na escola, das demandas da sociedade, incorporando na sua dinâmica questões que fazem parte do cotidiano dos alunos. Nessa perspectiva, os Parâmetros Curriculares Nacionais privilegiam os princípios de "dignidade da pessoa humana", que implica o respeito aos direitos humanos; "igualdade de direitos", que supõe o princípio de equidade; "participação" como princípio democrático; e "corresponsabilidade pela vida social", que implica parceria entre os poderes públicos e os diferentes grupos sociais na construção da vida coletiva.

Em 1998, complementando os Parâmetros Curriculares Nacionais, foi publicado o Referencial Curricular Nacional para a Escola Indígena (RCNEI). O objetivo do Referencial é oferecer, através de pontos comuns encontrados em meio à diversidade das culturas indígenas, subsídios e orientações para a elaboração de programas de educação escolar que melhor atendam às comunidades. É uma proposta pedagógica de ensino-aprendizagem que valoriza a educação intercultural e bilíngue.

Uma característica da quarta fase, a década de 2000, em relação à educação em direitos humanos, que teve sua origem no final dos anos

1990 é a dificuldade de se fazer um recorte, uma delimitação clara entre as iniciativas da sociedade civil e as governamentais. Esse período se configura mais pelas ações conjuntas, as parcerias e as associações entre ambas as esferas. As iniciativas se multiplicam. São realizados seminários, cursos, palestras, fóruns etc., em diferentes partes do país, promovidos por universidades, associações, movimentos, ONGs e órgãos públicos.

No campo da Educação Básica são desenvolvidas experiências nos sistemas de ensino, em muitos casos assessoradas por ONGs, assim como por iniciativas de profissionais preocupados com a educação em direitos humanos, ou através da implementação de políticas governamentais, como a Lei nº 10.639, de 2003, sobre a obrigatoriedade do ensino de história e cultura afro-brasileira e a elaboração do Programa Ética e Cidadania: construindo valores na escola e na sociedade. Esse programa foi promovido pelo Ministério da Educação e a Secretaria Especial dos Direitos Humanos no ano de 2004 com o objetivo de "aprofundar ações educativas que levem a formação ética e moral à comunidade escolar e está voltado para os alunos matriculados nas escolas de Ensino Fundamental e Médio do país".

Ainda são pouco numerosas as iniciativas na área de formação continuada de professores. No entanto, nos últimos anos esse trabalho vem sendo fortalecido através de parcerias entre agências governamentais, universidades e ONGs. Multiplicam-se os cursos, seminários e a produção acadêmica e pedagógica para a formação de professores e para trabalhar na escola direitos específicos, como direitos ambientais, direito à saúde, direitos das crianças e adolescentes, direitos das mulheres, relacionados a questões de gênero e étnico-raciais, entre outros.

Na área da educação não formal também é rica a oferta de possibilidades de formação e materiais produzidos por diferentes instituições da sociedade civil, entre eles o Movimento Nacional de Direitos Humanos, em muitas ocasiões também em parceria com os órgãos governamentais. Nesse aspecto, convém ressaltar a preocupação com a formação dos policiais na área de direitos humanos, dada a forte incidência da violência no país e a necessidade de se construir uma "polícia-cidadã", a serviço da proteção dos direitos humanos dos cidadãos e cidadãs.

Um espaço também importante para a educação em direitos humanos é o que se refere à aglutinação, à associação e à articulação de forças interinstitucionais. Diferentes redes, foros e movimentos surgiram nesta última década, promovidos por iniciativas de instituições da sociedade civil e, em algumas ocasiões, juntamente com organismos governamentais.

Também no âmbito da educação não formal têm-se desenvolvido diferentes campanhas educativas, com temas como desarmamento; violência urbana; violência doméstica; paz; racismo; discriminação étnica, de gênero e orientação sexual; trabalho infantil; turismo sexual; exploração de crianças e adolescentes; deficientes, dentre outros. Essas campanhas podem ser de âmbito local, regional ou nacional. Em muitas ocasiões, são veiculadas por meios de comunicação social como a televisão e o rádio e produzem significativo impacto social.

Não podemos deixar de mencionar também todos os trabalhos e esforços realizados pelos diferentes movimentos sociais em defesa de direitos específicos e na luta pela inclusão social e pela construção de políticas públicas, com diferentes tipos de impacto e conquistas.

Para finalizar, queremos salientar a relevância da criação, por parte do Governo Federal, em 2003, do Comitê Nacional de Educação em Direitos Humanos, que reúne especialistas da área com diversas atribuições, uma das quais a elaboração do Plano Nacional de Educação em Direitos Humanos, publicado em 2003 e atualmente em sua segunda versão (2006).

Apesar de todos os avanços realizados no tema da educação em direitos humanos, por parte das políticas públicas bem como da sociedade civil organizada, as conquistas continuam sendo frágeis, tanto do ponto de vista de provocar uma mudança de mentalidade centrada na construção de uma cultura impregnada pelos direitos humanos quanto pela abrangência do próprio trabalho, que ainda atinge somente alguns segmentos da população, por mais estratégicos que possam ser considerados. Para Sacavino (2008: 234), a sociedade brasileira está profundamente marcada pelo autoritarismo e pela lógica do apadrinhamento e do privilégio. Criar condições que permitam afetar as mentalidades e favorecer processos para o desenvolvimento de uma cultura permeada pelos direitos humanos é ainda um grande desafio. Sem dúvida a educação, tanto no âmbito formal como no não formal, é um elemento importante para a construção de sujeitos que internalizem e expressem essa cultura em comportamentos e ações cotidianas.

Desafios e perspectivas

Tendo presente este cenário, assinalaremos alguns desafios e tensões especialmente significativos para o desenvolvimento da educação em direitos humanos nos próximos anos:

1. Desconstruir a visão do senso comum sobre os direitos humanos:

Ainda está muito presente no país a ideia de que a defesa dos direitos humanos está associada à "proteção de bandidos". É necessário desconstruir esta visão para que se possa assumir a perspectiva de que os direitos humanos têm que ver com a afirmação da dignidade de todas as pessoas, com a defesa do Estado de direito e a construção de estratégias de diálogo e negociação para a resolução pacífica dos conflitos inerentes à dinâmica social.

2. Assumir uma concepção de educação em direitos humanos e explicitar o que se pretende atingir em cada situação concreta:

O discurso sobre os direitos humanos está marcado por uma forte polissemia e, consequentemente, as maneiras de se entender a educação em direitos humanos também. Fazer opções claras quanto ao horizonte que se pretende seguir é fundamental.

Assumimos a posição de que a educação em direitos humanos exige o desenvolvimento de processos sistemáticos e multidimensionais orientados à formação de sujeitos de direitos e à promoção de uma cidadania ativa e participativa, não podendo ser reduzida a iniciativas pontuais.

Isso supõe a articulação de diferentes atividades que desenvolvam conhecimentos, atitudes, sentimentos e práticas sociais que afirmem uma cultura de direitos humanos na escola e na sociedade, assim como processos em que se trabalhe – nos níveis pessoal e social, ético e político, cognitivo e celebrativo – o desenvolvimento da consciência da dignidade humana de cada pessoa e dos diferentes grupos socioculturais.

3. Construir ambientes educativos que respeitem e promovam os direitos humanos:

A educação em direitos humanos não pode ser reduzida à introdução de alguns conteúdos sobre direitos humanos nos diferentes âmbitos educativos, se limitando à educação *para* os direitos humanos. Esta perspectiva está bastante presente nos diferentes âmbitos educativos. Estamos desafiados a ir além, a criar ambientes em que os direitos humanos impregnem todas as relações e os componentes educativos.

Segundo o Programa Mundial para a Educação em Direitos Humanos (ONU, 2005), esta deve ser entendida como um processo que inclui duas dimensões: *os direitos humanos no contexto educativo,* que visa garantir que todos os componentes e processos educativos favoreçam a aprendizagem dos direitos humanos, e *a realização dos direitos humanos na educação,* que está orientada a assegurar o respeito dos direitos humanos da parte de todos os atores implicados nos processos educativos. Neste sentido, a promoção dos direitos humanos nos sistemas de ensino deve afetar a elaboração e a execução de políticas públicas, a configuração dos ambientes de aprendizagem, as condições de trabalho dos educadores, os sistemas de avaliação, o desenvolvimento curricular, as relações interpessoais nos ambientes educativos, as maneiras de tratar a disciplina e os conflitos na escola, a formação continuada dos educadores e educadoras, dentre outras práticas.

4. Introduzir a educação em direitos humanos na formação inicial e continuada de educadores:

O que se pode constatar é que ainda é tímida a introdução da temática dos direitos humanos na formação de professores e educadores em geral, tanto na formação inicial quanto na continuada. Poucas são as instituições que trabalham sistematicamente nesta perspectiva. No entanto, trata-se de uma questão urgente se queremos colaborar para a construção de uma cultura dos direitos humanos que penetre as diferentes práticas sociais. Empenhar-se para que as instituições de formação de educadores incorporem espaços – disciplinas, seminários, pesquisas, estágios etc. – com este objetivo é um aspecto a ser enfatizado. Temos a experiência de desenvolver componentes curriculares com este objetivo em cursos de licenciatura em pedagogia e é comum ouvir de alunos e alunas a afirmação de que se trata da primeira vez que abordam esta temática em suas trajetórias acadêmicas. Também é importante que a educação em direitos humanos seja aprofundada na pós-graduação, tanto em cursos de especialização como de mestrado e doutorado. Ainda é muito reduzida entre nós a produção acadêmica nesta área.

5. Estimular a produção de metodologias ativas e materiais de apoio:

Outro elemento importante para que avancemos nos processos de educação em direitos humanos diz respeito à construção de metodologias ativas e participativas e o acesso a materiais adequados de apoio a esses processos, tanto para a formação de educadores quanto para o ensino fundamental e médio. Ainda são poucos os recursos – textos, vídeos, jogos, softwares etc. – voltados a esta preocupação. Oferecer a possibilidade de aceder financiamentos para essa produção e para construir redes para a difusão desses materiais é urgente.

6. Articular políticas de igualdade e de reconhecimento das diferenças:

Nos últimos anos, vem emergindo com força a necessidade de incorporar a questão das diferenças culturais nos processos educativos. Os movimentos sociais que se desenvolveram tendo como foco principal as identidades específicas favoreceram, em toda a sociedade, uma maior consciência dos diferentes grupos socioculturais presentes no tecido social do país. No entanto, a cultura dominante nos processos educativos ainda é extremamente homogeneizadora e monocultural. A educação em direitos humanos favorece o reconhecimento de diferentes grupos sociais e culturais, bem como de diferentes formas de produzir conhecimentos, saberes e racionalidades, gerando espaços para que sejam assumidos pela educação tanto no âmbito formal como no não formal e favorecendo o diálogo intercultural.

Articular os direitos de igualdade com direitos de diferença é uma questão fundamental no momento presente. Atualmente não podemos falar de igualdade sem incluir as questões relativas à diversidade, nem podemos falar de diferença dissociada da afirmação da igualdade, o que supõe lutar contra todas as formas de desigualdade, preconceitos e discriminação. Como afirma Nancy Fraser (2004: 250),

> devemos encontrar uma maneira de combinar a luta por um multiculturalismo antiessencialista com igualdade social. Somente então poderemos desenvolver um modelo de democracia radical que inspire credibilidade e uma política adequada para nossa época; um lema prometedor para esse projeto seria: "não há reconhecimento sem redistribuição".

Estes são apenas alguns dos desafios a enfrentar para que a educação em direitos humanos penetre nos diferentes espaços educativos e na sociedade em geral.

Referências bibliográficas

COMITÊ NACIONAL DE EDUCAÇÃO EM DIREITOS HUMANOS DO BRASIL. *Plano Nacional de Educação em Direitos Humanos*. Brasília: Secretaria Especial de Direitos Humanos; Ministério de Educação; Ministério de Justiça; Unesco, 2006.

CANDAU, Vera Maria. Experiências de educação em direitos humanos na América Latina: o caso brasileiro. In: CUELLAR, R. (ed.). *Experiencias de educación en derechos humanos en América Latina*. San José: IIDH; USAID; F. Ford, 2000.

CUELLAR, R. (ed.). *Experiencias de educación en derechos humanos en América Latina*. San José: IIDH; USAID; F. Ford, 2000.

FLOWERS, N. How To Define Human Rights Education?. In: GEORGI, V.; SEBERICH, M. (ed.). *International Perspectives in Human Rights Education*. Alemanha: Bertelsmann Foundation Publishers, 2004.

FRASER, Nancy. *Iustitia Interrupta. Reflexiones críticas desde la posición "post--socialista"*. Bogotá: Siglo del Hombre Editores; Universidad de los Andes, 2004.

MONTEIRO, Aída. *A educação em direitos humanos no Brasil*. Duque de Caxias, 2005 (fotocópia de documento).

ASSEMBLEIA GERAL DA ONU. *Proyecto revisado del plan de acción para la primera etapa (2005-2007) del Programa Mundial para la educación en derechos humanos*. Distribuição geral, março de 2005.

SACAVINO, Susana. *Educação em/para os direitos humanos em processos de democratização: o caso do Chile e do Brasil* (Tese de Doutorado). Programa de Pós-Graduação do Departamento de Educação, Pontifícia Universidade Católica do Rio de Janeiro, 2008.

Movimentos sociais e cidadania

Maria da Glória Gohn

Pressupostos sobre cidadania e participação da sociedade civil organizada

O TEXTO RECUPERA FRAGMENTOS DO PROCESSO DE CONSTRUÇÃO da cidadania no Brasil, nas últimas três décadas, destacando a participação da sociedade civil organizada neste processo. Ele tem três momentos: inicia-se com uma breve fundamentação das categorias cidadania, participação e sociedade civil para recuperar os antecedentes do atual modo de participação social; faz uma retrospectiva dos principais movimentos sociais que participaram da trajetória de lutas por direitos e pela construção da cidadania no Brasil, nos anos 1990 e na primeira década deste milênio; e apresenta, como exemplo, os principais destaques de um movimento nessas décadas – o dos povos indígenas.

Como localizar o termo cidadania no universo de referências ao se falar da participação cidadã, por exemplo? A análise histórica revela-nos que encontramos atributos do termo cidadania de ordem jurídica (o mais extenso, dado pelas leis e juridização da ordem socioeconômica, política e cultural), normativos (como deveria ser o comportamento dos cidadãos ou de um "bom cidadão") e atributos construídos pelas ciências sociais, tanto na sociologia como na ciência política, relacionando cidadania para além do debate sobre os direitos e as obrigações (ou deveres), entrando no campo de discussão sobre igualdade/desigualdade, universal/particular, público/privado, singular/diverso, pertencimento/desfiliação, dentre outros. O conjunto dessas categorias possibilitou o desdobramento do conceito de cidadania em "cidadania ativa" e "cidadania passiva", numa perspectiva processual e não atribuída, dada *a priori* e naturalizada pelos códigos legislativos. O que irá definir a cidadania é um processo onde se encontram redes de relações, conjuntos de práticas (sociais, econômicas, políticas e culturais), tramas de articulações que explicam e ao mesmo tempo sempre estão abertas para que se redefinam as relações dos indivíduos e grupos com o Estado. O Estado é sempre elemento referencial definidor porque é na esfera pública estatal que se asseguram os direitos, da promulgação à garantia do acesso, e as sanções cabíveis pelo descumprimento dos direitos já normatizados e institucionalizados.

Sabe-se que a cidadania, para ser plena, não pode ser passiva, tem que ser ativa, é um processo ativo. Não se limita ao voto, este é apenas uma dimensão do cidadão, a dimensão civil. Ela relaciona-se diretamente com a participação dos indivíduos na esfera pública e com o exercício dos direitos. É o direito a ter direitos e poder exercitá-los. A cidadania deve contemplar a universalidade dos direitos e não direitos restritos, focalizados, que criam diferenças entre as pessoas. Não existe o cidadão de segunda categoria, pois este seria o não cidadão e não um cidadão menor.

Cidadania também tem a ver com as ideias de civilidade, civilização e respeito aos indivíduos enquanto seres humanos. O conceito republicano de cidadão não é aquele que usa a liberdade só para desempenho como pessoa privada; é aquele que tem na participação uma prática comum. A cidadania ativa requer a formação de cidadãos conscientes de seus direitos e deveres, protagonistas da história de seu tempo. A educação entra nesse processo de formação como um direito humano, para o desenvolvimento do ser humano. A educação contribui para a criação de uma cultura universal dos direitos humanos, para o fortalecimento dos direitos e liberdades fundamentais do ser humano, para o desenvolvimento de sua personalidade, do respeito às diferenças, das atitudes de tolerância, amizade, solidariedade e fraternidade com o semelhante.

Já se tornou lugar-comum ouvir sobre a importância da sociedade civil, que ela está se firmando no polo internacional como impulsionadora de mudanças e inovações. A tendência atual é falar sobre o seu protagonismo. Observa-se que o conceito de sociedade civil vem sofrendo modificações que acompanham a conjuntura nacional. No Brasil, de uma forma geral, ele surge no período da transição democrática, no final dos anos 1970, quando foi introduzido no vocabulário político corrente e passou a ser objeto de elaboração teórica específica. Na ocasião, tornou-se sinônimo de participação e organização da população civil do país, na luta contra o então regime militar. Esse cenário estimulou o surgimento de inúmeras práticas coletivas, no interior da sociedade civil, voltadas para a reivindicação de bens e direitos sociopolíticos até então negados pelo regime vigente. Um dos principais eixos articuladores da sociedade civil foi dado pela noção de autonomia: tratava-se de organizar, independentemente do Estado. Era um discurso estratégico. A democracia direta e participativa era tida como modelo ideal. Participar das práticas de organização da sociedade civil significava, também, um ato de desobediência e de resistência ao regime político predominante. Naquele período, novos atores entraram em cena, principalmente os movimentos sociais populares reivindicatórios, apoiados por alas da Teologia da Libertação (de várias igrejas, especialmente católicos e luteranos) e entidades da sociedade civil, como a Ordem dos Advogados do Brasil (OAB). O principal polo de identificação dos diferentes atores era dado pela reivindicação de mais liberdade e justiça social.

Com a saída dos militares do poder, a partir de 1985, o significado do termo sociedade civil começa a se alterar. A progressiva construção de canais de participação e representação exigiu novas posturas e agendas dos militantes dos movimentos sociais populares que perderam, paulatinamente, a centralidade nos discursos sobre a sociedade civil, porque não se tratava mais de estar de costas para o Estado, mas de participar de políticas de negociações, de democratizar o Estado. Além disso, com o retorno à constitucionalidade democrática, surgiu uma pluralidade de novos atores sociais, decorrente de novas formas de associativismo que emergiram na cena política, especialmente as ONGs e associações civis do terceiro setor.

A partir dos anos 1990, a autonomia dos membros da sociedade civil deixa, portanto, de ser o eixo estruturante fundamental para a construção de uma sociedade democrática. Novos e antigos atores sociais fixarão suas metas na conquista de espaços na sociedade política, especialmente nas parcerias que se abrem entre governo e sociedade civil organizada, via políticas públicas.

Houve, portanto, uma ampliação do leque de atores sociais nos anos 1990. Com isso, certamente, ampliou-se também o campo da sociedade civil. Disso resultou um descentramento dos sujeitos históricos em ação, antes focados nas classes populares e nos movimentos populares, especialmente os urbanos. Esse descentramento do sujeito popular e a emergência de uma nova pluralidade de atores conferiram ao conceito de cidadania a mesma relevância que tinha tido o conceito de autonomia nos anos 1980. Certamente nos anos 1970 e 1980 a questão da cidadania já estava posta nos debates e nas demandas sociais nas lutas pela democratização, expressas principalmente no movimento das Diretas Já, na Constituinte, na nova Carta Constitucional, denominada "Constituição Cidadã", e em todos os movimentos populares. Mas nos anos 1990 a questão da cidadania foi ressignificada, tanto na sociedade civil como nas políticas públicas. Surgem novas facetas da cidadania, tais como o exercício da civilidade e a responsabilidade social do cidadão. Ou seja, não apenas foram destacados os direitos, que são a alavanca básica do conceito de cidadania, mas também foi introduzida a questão dos deveres, da responsabilização nas arenas públicas, que abriu caminhos para a participação de diferentes e novos atores sociais nas políticas de parcerias entre o Estado e a sociedade civil. Passa-se a enfatizar a responsabilização dos cidadãos, das empresas e dos órgãos governamentais nas novas políticas públicas; criam-se espaços para a participação nessas políticas via parcerias, ou nos espaços criados institucionalmente, como os conselhos gestores e os fóruns sociais públicos.

Nesse novo cenário, a sociedade civil se amplia para entrelaçar-se com a sociedade política. Desenvolve-se, então, o chamado espaço público não estatal, expresso nos conselhos, fóruns e redes de articulação. A importância da participação da sociedade civil nesse novo contexto se faz para democratizar a gestão da coisa pública. Abrem-se espaços para inverter as prioridades das administrações, no sentido de que as políticas atendam não apenas às questões emergenciais de forma superficial e com uma ótica economicista, baseada na lógica do custo-benefício, mas também às questões sociais, como prioridade maior. Foram emergindo novíssimos atores sociais nas políticas de parcerias na execução de projetos sociais. Esses novos atores foram criando, também, novos espaços, instituições próprias para participarem dos novos pactos políticos que dessem sustentação ao modelo político vigente. Coube, portanto, à sociedade civil um papel central nesse reequacionamento.

Mas quem são os atores considerados os protagonistas dessa nova sociedade civil? São as ONGs, os movimentos sociais, as comissões, grupos e entidades de direitos humanos, grupos de defesa dos direitos dos excluídos por diferentes causas – como gênero, raça, etnia, religião – e dos portadores de necessidades físicas especiais, inúmeras associações com perfis variados, entidades do chamado terceiro setor, fóruns locais, regionais, nacionais e internacionais. Entidades ambientalistas, de defesa do patrimônio histórico, redes comunitárias nos bairros, conselhos populares, conselhos setorizados, conselhos gestores institucionalizados. Todos esses, junto com fundações e empresas cidadãs, passam a compor esse novo leque do que tem sido denominado sociedade civil.

Disso tudo resulta que a sociedade civil organizada não é homogênea nem composta por atores que tenham o mesmo entendimento dos problemas sociais, políticos e culturais da sociedade. Ela é bastante diversificada.

Movimentos – ONGs e entidades civis nos anos 1990

O segundo ponto a ser abordado refere-se a uma breve caracterização dos atores propriamente ditos que realizam as ações coletivas na sociedade civil. Inicialmente destacamos os movimentos sociais nos anos 1990 e no próximo subitem, os movimentos no novo milênio. Sabemos que os movimentos sociais têm sido considerados, por vários analistas e consultores de organizações internacionais, como elementos e fontes de inovações e mudanças sociais. Existe também um reconhecimento de que eles detêm um saber, decorrente de suas práticas cotidianas, passível de ser apropriado e transformado em força produtiva. Quando se examina, por exemplo, a questão indígena, ressalta-se o saber que os índios detêm sobre a floresta. Em resumo, os movimentos são elementos fundamentais na sociedade moderna, agentes construtores de uma nova ordem social. E não são agentes de perturbação da ordem, como as antigas análises conservadoras escritas nos manuais ensinavam, ou como ainda são tratados por políticos tradicionais e conservadores.

A presença dos movimentos sociais é uma constante na história política do país, mas ela é cheia de ciclos, com fluxos ascendentes e refluxos (alguns estratégicos, de resistência ou rearticulação em face da nova conjuntura e das novas forças sociopolíticas em ação). O importante a destacar é esse campo de força sociopolítico e o reconhecimento de que suas ações impulsionam mudanças sociais diversas. O repertório de lutas que ele constrói demarca interesses, identidades, subjetividades e projetos de grupos sociais. A partir de 1990, os movimentos sociais deram origem a outras formas de organizações populares, mais institucionalizadas, como os fóruns nacionais de luta pela moradia popular. No caso da habitação e da reforma urbana, por exemplo, o próprio Estatuto da Cidade é resultado dessas lutas. O Fórum da Participação Popular e tantos outros fóruns e experiências organizativas locais, regionais, nacionais e até transnacionais estabeleceram práticas, fizeram diagnósticos e criaram agendas, para si próprios, para a sociedade e para o poder público. O Orçamento Participativo e vários outros programas surgiram como fruto dessa trajetória.

Para citar alguns desses movimentos nos anos 1990, destacamos alguns de caráter pluriclassista, como foi o Movimento Ética na Política, ou a Ação da Cidadania Contra a Fome e a Miséria; movimentos de desempregados, ações de aposentados e pensionistas; movimentos de gênero, como os movimentos de mulheres e os movimentos homossexuais. Outros possuem uma identidade mais centrada em fatores étnicos e raciais, tais como os movimentos dos afro-brasileiros e o movimento indígena.

Na questão do movimento indígena, importantes conquistas foram obtidas após a Constituição de 1988, tais como a demarcação de suas terras e o direito de alfabetização em sua própria língua. Quanto às terras indígenas, motivo de constantes conflitos e litígios com os brancos, a Constituição de 1988 declarou como sendo territórios de populações indígenas áreas integradas ao patrimônio da União (artigo 20, inciso XI), com a obrigação de preservar a posse aos indígenas que tinham sua habitação, caça, pesca e "deambulação" (habitualidade) nessas áreas. Houve o reconhecimento da organização social específica dos índios, de seus costumes, crenças e tradições, e de seus direitos originários sobre as terras tradicionalmente ocupadas.

Não podemos esquecer a importância, nos anos 1990, dos movimentos geracionais em que se destacam os jovens, e, dentre esses, seus movimentos culturais expressos, por exemplo, na música, via hip hop, rap e tantos outros. Movimentos de meninos e meninas de rua e movimentos de idosos completam os movimentos das gerações. Há ainda os movimentos ambientalistas e os ecologistas, que cresceram muito após a Rio 92.

E os movimentos populares propriamente ditos, aqueles que nos anos 1970 e 1980 foram tão importantes, estimulados pela Teologia da Libertação? O que houve com eles nos anos 1990? Mudaram de perfil? Desapareceram? Nossa resposta é não. Por quê?

Primeiro: eles sempre foram heterogêneos em termos de temáticas e demandas. O que unifica o universo das suas demandas são as carências socioeconômicas. Eles criaram e desenvolveram, a partir dos anos 1990, redes com outros sujeitos sociais, assim como redes dentro do movimento popular propriamente dito, destacando-se os movimentos que atuam na questão da moradia. Nas redes com outros sujeitos destacam-se as tecidas com o campo sindical, o campo institucional de outras entidades sociais, o campo político partidário, o campo religioso, o campo das ONGs. Ou seja, os movimentos populares criaram, ampliaram ou fortaleceram a construção de redes sociais.

Ocorreram, entretanto, alterações profundas no cotidiano da dinâmica interna dos movimentos populares. De um lado, eles perderam visibilidade (porque ao longo dos anos 1990 os movimentos populares urbanos diminuíram as formas de protestos nas ruas e diminuíram sua visibilidade na mídia), e houve um deslocamento dessa visibilidade para as ONGs. As identidades coletivas dos movimentos populares deixaram alguns elementos de lado, tais como as frequentes contestações às políticas públicas, mas como eles incorporaram outros elementos, isso lhes possibilitou sair do nível apenas reivindicatório para um nível mais operacional, propositivo. Embora os eixos nucleares das demandas fossem os mesmos, eles incorporaram novas práticas e alguns de seus líderes ou assessores passaram a incorporar diferentes escalões da administração pública (nos locais em que a oposição ascendeu ao poder). Seus discursos se alteraram em função da mudança da conjuntura e as matrizes que estruturaram esses discursos e as práticas também se alteraram. Não se tratava mais de ficar de costas para o Estado, mas de participar das políticas e das parcerias. Eles ajudaram a construir outros canais de participação, principalmente os fóruns, e contribuíram para a institucionalização de espaços públicos importantes, tais como os diferentes conselhos criados nas esferas municipais, estaduais e nacional.

Dentre os movimentos populares urbanos, a luta pela moradia manteve a centralidade como a luta popular mais organizada. Uma parte dela tornou-se bastante institucionalizada, atuando no plano jurídico, via suas assessorias, e obtendo conquistas importantes, como o já citado Estatuto da Cidade. Outra parte migrou com suas assessorias para as ONGs, participando de projetos institucionais, tais como as cooperativas de ajuda mútua e autogestão, assim como várias alas do movimento das favelas, que passaram a ter projetos de reurbanização, remoção ou transferência para projetos do poder público. Esses últimos casos geraram movimentos de associações de moradores locais. Uma terceira parte seguiu o modelo do movimento popular rural: realizando ocupações não mais de áreas vazias – cada vez mais escassas e distantes nos grandes centros urbanos –, mas ocupando prédios públicos e privados, ociosos ou abandonados, nas áreas centrais das grandes cidades. Inicialmente eles criaram fatos políticos novos e, ao mesmo tempo, novos cortiços nas áreas centrais. Mas a pressão contínua fez com que, progressivamente, fossem elaboradas políticas públicas para regularizar essas ocupações, a exemplo do plano de recuperação da região central de São Paulo e dos planos urbanísticos e de regularização da posse para os imóveis ocupados.

Uma quarta categoria da luta pela moradia foi protagonizada pelos "moradores de rua". Vivendo sob pontes, marquises, praças e logradouros públicos, esses "moradores" aumentaram significativamente nos anos 1990 em termos de número e de locais de ocupação. Políticas públicas têm sido elaboradas para esses segmentos, e vão de sua remoção para conjuntos populares a mudanças provisórias para albergues, hotéis e imóveis alugados, quando localizados em situação de risco. Inúmeras vezes esses moradores foram manchetes na mídia pelo lado da desgraça, como, por exemplo, por incêndios ocorridos em suas precárias acomodações ao ar livre. A organização dos moradores de rua é algo difícil porque eles são "flutuantes" no espaço e não têm, usualmente, trabalho fixo. Muitos desses moradores foram, no fim dos anos 1990, "recrutados" pelo MST para participar de seus acampamentos e ocupações rurais.

O movimento popular de saúde, embora tenha-se fragmentado, entrou na luta da questão de preços dos convênios, remédios, postos de saúde etc. No movimento pelos transportes outros atores entraram em cena, como os perueiros (transportes alternativos). O movimento pelas creches está sendo recriado em várias cidades, como São Paulo, com o "Movimento dos Sem Creche", em razão da falta de vagas.

Cumpre mencionar, no campo dos movimentos temáticos, o movimento popular pela educação, embora ele nunca tenha tido grande visibilidade como ator independente, pois suas demandas eram frequentemente incorporadas pelos sindicatos dos professores e demais profissionais da educação ou por articulações mais amplas, como a luta pela educação no período da Constituição levada a efeito pelo Fórum Nacional de Luta pela Escola Pública. Mas, além da parceria com esses atores, que continuaram muito atuantes nos anos 1990 (do Fórum até a promulgação da nova Lei de Diretrizes e Bases, a LDB de 1996), as reformas neoliberais realizadas nas escolas públicas de ensino fundamental e médio alteraram de tal forma o cotidiano das escolas que deram as bases para a mobilização do movimento popular pela educação. Falta de vagas, filas para matrícula, resultados de exames nacionais, progressões contínuas (aprovação sem exames), deslocamento de alunos da mesma família para diferentes escolas, atrasos nos repasses de verbas para merenda escolar, denúncias de fraudes no uso dos novos fundos de apoio à educação, entre outras, foram pautas da agenda do movimento na área da educação. Registre-se ainda que a crise econômica e o desemprego levaram centenas de famílias das camadas médias à procura de vagas nas escolas públicas. Além de aumentar a demanda, essas famílias estavam acostumadas a acompanhar mais o cotidiano das escolas, levando essas práticas para a escola pública, antes mais fechada à participação comunitária. Com isso, em muitos bairros, as escolas passaram a desempenhar o papel de centros comunitários, pois a falta de verbas e a busca de solução para novos problemas, como a segurança, a violência entre os jovens e o universo das drogas, levaram-nas a buscar parceiros no bairro ou na região, em outros organismos e associações organizadas do bairro.

A questão ambiental, até a Rio 92, estava muito localizada nos movimentos ambientalistas, e a partir de então passou a ser uma preocupação dos movimentos populares de bairro. Isso foi um salto qualitativo muito grande porque, nas demandas e reivindicações dos anos 1970/80, a questão ambiental não era tão presente como é hoje nos movimentos populares propriamente ditos. Estou me referindo mais aos movimentos de bairros periféricos, com córregos a céu aberto, ausência de coleta ou coleta irregular do lixo e focos de infecções.

Nos anos 1990 surgiram novos movimentos populares que não tinham tanta presença nos anos 1980, como a própria questão dos idosos. Mas o principal deles foi o relativo à questão da violência e da criminalidade nas periferias. A expansão da violência urbana para os bairros nobres, para o conjunto da cidade, levou a população das áreas periféricas a desnaturalizar a questão no sentido de vê-la e demandá-la como um problema também para eles e não como algo inerente àqueles bairros, como o senso comum sempre o caracterizou. A dificuldade encontrada por esses movimentos tem sido a presença de grupos e gangues organizadas, controladoras do próprio direito de ir e vir nessas regiões.

Resta mencionar um novo movimento de bairro, diferente do movimento já tradicional em várias partes do Brasil, das associações de moradores ou sociedades de amigos de bairros. Trata-se de centros comunitários voltados para a organização de parcelas da população que se dedicam à produção e à comercialização de inúmeros produtos de uso doméstico ou de alimentação, galpões de reciclagem, produção de alimentos sem agrotóxicos, fabriquetas de tijolos, apiários, granjas, produção caseira de queijos, doces – uma infinidade de atividades nucleadas em cooperativas ou associações nos próprios bairros populares. Por detrás dessas associações existem ONGs de caráter mais abrangente. Elas assessoram os grupos na montagem dos projetos para o pedido de financiamento, a confecção de relatórios, dentre outras questões técnicas difíceis de se lidar.

No campo dos movimentos sociais rurais a organização popular cresceu bastante nos anos 1990. Dentre dos inúmeros movimentos de sem-terra criados, o mais expressivo foi o Movimento dos Trabalhadores Rurais Sem-Terra (MST). Ele se destaca tanto no contexto nacional como no plano internacional via um eficiente trabalho de mídia e marketing político de suas demandas pela reforma agrária, bandeiras e místicas.

Para completar o painel sobre os movimentos sociais a partir dos anos 1990, não poderia deixar de citar o movimento antiglobalização, presente no Brasil naquela década de uma forma ainda incipiente, mas organizando e dando origem ao Fórum Social Mundial. É importante destacar que, apesar das diferenças existentes nesse movimento, composto de uma rede de redes, ele une à crítica que faz sobre as causas da miséria, exclusão e conflitos sociais a busca e a criação de um consenso que viabilize ações conjuntas. Em lugar da globalização econômica, o movimento propõe outro tipo de globalização, alternativa, baseada no respeito às diferentes culturas locais. Com isso ele contribui para construir outra rede de globalização, a da solidariedade.

Movimentos sociais na primeira década no novo século no Brasil

No Brasil, na atualidade, os movimentos sociais são distintos dos ocorridos no final da década de 1970 e parte dos anos 1980 (movimentos populares reivindicatórios de melhorias urbanas articulados com pastorais, grupos políticos de oposição ao regime militar etc.), embora alguns dos atuais movimentos ou quadros de suas assessorias sejam herdeiros daqueles dos anos 1980. Naquelas décadas, os movimentos lutavam para ter "direito a ter direitos". Como só podemos falar em direitos se contemplarmos o universal, observamos que aqueles movimentos não estavam autocentrados. Embora não tivessem ainda a circulação em espaços nacionais e transnacionais que têm hoje, a maioria deles não estava voltada apenas para si própria; olhavam para o outro – até para poder construir a própria identidade, segundo o efeito do espelho – e, como diria Lacan, miravam-se no outro. A cidadania era o grande mote articulador dos discursos que buscavam direitos. Queriam ter o direito de ter direitos.

A noção do novo sujeito histórico, povo, um dos eixos estruturantes do movimento popular nas décadas de 1980 e 1990, reformulou-se no novo milênio, assim como deu novos sentidos e significados às suas práticas. Resulta desse processo uma identidade diferente, construída a partir da relação com os outros atores sociais, não centrada exclusivamente no campo dos atores populares. Esse outro está presente nos relacionamentos desenvolvidos com novas formas de associativismo emergentes, interações compartilhadas com ONGs e a participação nas políticas públicas.

Isso tudo alterou o projeto político dos movimentos populares urbanos no sentido de um projeto político policlassista, um novo projeto político dos movimentos populares que irá contemplar outras questões. Vai além de demandas específicas do campo das carências socioeconômicas, indo das questões do modelo de desenvolvimento do país às questões do meio ambiente e do desenvolvimento humano. Na maioria dos casos, não há uma ênfase exclusiva nas questões apenas locais; incluem-se outras dimensões. Em parte essas mudanças se explicam pelos efeitos do próprio modelo organizacional adotado: de se atuar em redes. O outro, o diferente, acaba alterando o movimento local. Com isso, outros temas – tais como o de uma cidadania planetária – entraram para a agenda dos movimentos populares urbanos, antes circunscritos aos movimentos sociais organizados e assessorados por outras camadas sociais, como os ambientalistas e as mulheres, no marco dos direitos humanos.

Neste novo século o Brasil está entre os países que capitalizaram a crise, inserindo-se em nichos do mercado internacional, promovendo fortes políticas de proteção social, com programas que estimulam a interação entre alguns movimentos sociais, sindicatos, associações e ações coletivas e órgãos governamentais. Esta interação se faz via políticas institucionalizadas, e pode ser observada em grandes conferências nacionais e nas políticas focalizadas para segmentos sociais, como os afrodescendentes, ou políticas sobre temáticas sociais, como a alimentação. Todas elas denominam-se políticas de inclusão ou de proteção social, a exemplo do Brasil, Colômbia e México. Em todos os casos, os elementos comuns são a territorialização/espacialização das ações coletivas e a tematização dos conflitos sociopolíticos e culturais.

Um panorama dos movimentos sociais neste novo milênio pode ser descrito em torno de treze eixos temáticos que envolvem as seguintes lutas e demandas, a saber (Gohn, 2010):

1. Movimentos sociais ao redor da questão urbana, pela inclusão social e por condições de habitabilidade na cidade, que incluem várias questões:

    a) Movimentos pela moradia, expressos em duas frentes de luta: articulação de redes sociopolíticas compostas por intelectuais de centro-esquerda e movimentos populares que militam ao redor do tema urbano (o habitat, a cidade propriamente dita). Eles participaram do processo de construção e obtenção do Estatuto da Cidade; redes de movimentos sociais populares dos sem-teto (moradores de rua e participantes de ocupações de prédios abandonados), apoiados por pastorais da Igreja católica e outras. Os movimentos demandam moradia nas áreas centrais das capitais, melhor transporte público e mais emprego nas regiões periféricas.

b) Movimentos e ações de grupos de camadas médias contra a violência urbana e demandas pela paz (no trânsito, nas ruas, escolas, ações contra as pessoas e seu patrimônio etc.). Certamente nós já tínhamos o movimento pelos direitos humanos. Ele teve um papel importante e fundamental desde a luta pela anistia, nos anos 1970/80. Mas, atualmente, pelas características e pelo panorama da sociedade brasileira atual, pelos fatos e acontecimentos recentes na sua conjuntura, o movimento contra a violência nas cidades ganhou força. Ele está sendo organizado em bairros e representa um clamor da sociedade civil na área da segurança pública, na busca de proteção à vida do cidadão no cotidiano. Pesquisas de opinião pública demonstram que a segurança passa a ser o principal item de demanda da população, mais do que o emprego.

Os movimentos de direitos humanos criaram redes nacionais e estão interligados a redes internacionais, como a Anistia Internacional. Já os movimentos contra a violência, nos centros urbanos, são mais focalizados; eles têm um caráter diferente, partem de grupos e ações localizadas. Motivados pela perda de entes queridos, eles passam a criar redes, mobilizam as associações comunitárias dos bairros, muitas vezes também acuadas pelo medo da violência dos grupos armados organizados de uma região. O movimento contra a violência urbana tem organizado passeatas e manifestações de rua. O próprio movimento estudantil, que entra e sai da cena pública constantemente, tem tido um papel importante no movimento antiviolência, em campanhas pelo desarmamento da população.

c) Mobilizações e movimentos de recuperação de estruturas ambientais, físico-espaciais (como praças, parques), assim como de equipamentos e serviços coletivos (áreas de saúde, educação, lazer, esportes e outros serviços públicos degradados nos últimos anos pelas políticas neoliberais); ou ainda mobilizações de segmentos atingidos pelos projetos de modernização ou expansão de serviços.

2. Mobilização e organização popular em torno de estruturas institucionais de participação na gestão político-administrativa da cidade:

a) Orçamento participativo e conselhos gestores (saúde, educação, assistência social, criança e adolescente, idoso).

b) Conselho da condição feminina, populações afrodescendentes etc.

3. Movimentos pela educação, agrupados em dois grandes blocos:

a) Educação formal.

b) Educação não formal.

4. Movimentos ao redor da questão da saúde, tais como:

a) Sistema Único de Saúde (SUS).

b) Conferências nacionais, estaduais e municipais de saúde.

c) Agentes comunitários de saúde.

d) Portadores de necessidades especiais.

e) Portadores de doenças específicas: insuficiência renal, lúpus, mal de Parkinson, mal de Alzheimer, câncer, doenças do coração.

5. Movimentos de demandas na área dos direitos:

a) Humanos: situação nos presídios, presos políticos, situações de guerra.

b) Culturais: preservação e defesa das culturas locais, patrimônio e cultura das etnias dos povos.

6. Mobilizações e movimentos sindicais contra o desemprego.

7. Movimentos decorrentes de questões religiosas de diferentes crenças, seitas e tradições.

8. Mobilizações e movimentos dos sem-terra, na área rural, e suas redes de articulações com as cidades via participação de desempregados e moradores de rua nos acampamentos do Movimento dos Trabalhadores Rurais Sem-Terra (MST); movimentos dos pequenos produtores agrários, das quebradeiras de coco do Nordeste etc.

9. Movimentos contra as políticas neoliberais:

a) Mobilizações contra as reformas estatais que retiram direitos dos trabalhadores do setor privado e público.

b) Atos contra reformas das políticas sociais.

c) Denúncias sobre as reformas que privatizam os órgãos e aparelhos estatais.

10. Grandes fóruns de mobilização da sociedade civil organizada: contra a globalização econômica ou alternativa à globalização neoliberal (contra a ALCA, por exemplo, no passado); o Fórum Social Mundial (FSM), iniciativa brasileira, com dez edições ocorridas no Brasil e no exterior; o Fórum Social Brasileiro, inúmeros fóruns sociais regionais e locais; fóruns da educação (Mundial, de São Paulo); fóruns culturais (jovens, artesãos, artistas populares etc.). Os movimentos transnacionais são uma das novidades na mobilização da sociedade civil neste milênio.

11. Movimento das cooperativas populares: material reciclável, produção doméstica alternativa de alimentos, produção de bens e objetos de consumo, produtos agropecuários etc. Trata-se de uma grande diversidade de empreendimentos heterogêneos, unidos ao redor de es-

tratégias de sobrevivência (trabalho e geração de renda), articulados por ONGs que têm propostas fundadas na economia solidária, popular; organizam-se em redes solidárias, autogestionárias. Muitas dessas ONGs têm matrizes humanistas, propõem a construção de mudanças socioculturais de ordem ética, a partir de uma economia alternativa que se contrapõe à economia de mercado capitalista.

12. Mobilizações do Movimento Nacional de Atingidos pelas Barragens, contra a construção de hidrelétricas e usinas, a exemplo de Belo Monte, implantação de áreas de fronteira de exploração mineral ou vegetal etc.

13. Movimentos sociais no setor das comunicações, a exemplo do Fórum Nacional pela Democratização da Comunicação (FNDC).

14. Movimentos pela ética na política. Criados nos anos 1990, eles foram pontuais e tiveram importância decisiva em certas conjunturas. Neste novo século, eles ressurgem em demandas localizadas, como o Movimento Ficha Limpa (em relação aos candidatos às eleições), e estão na base de várias marchas e atos de protesto que têm se expandido e tomado vulto na América Latina e na Europa, como o Movimento dos Indignados. Até o momento, os "Indignados" estão muito tímidos no Brasil (ver Hessel, 2011).

Os movimentos identitários: povos indígenas

Entre os movimentos de demandas identitárias na América Latina destacam-se os movimentos de povos indígenas. Sabe-se que a luta dos povos indígenas de resistência à colonização europeia/branca é secular. Na atualidade, o elemento novo são a forma e o caráter que essas lutas têm assumido – não apenas de resistência, mas também de luta por direitos: reconhecimento de suas culturas e de sua própria existência, redistribuição de terras em territórios de seus ancestrais e escolarização na própria língua. Deve-se assinalar também que inúmeros dos territórios indígenas passaram a ser, em vários países, fonte de cobiça em razão dos minerais e outras riquezas de seu subsolo, assim como seus cursos d'água, ou meramente por localizarem-se em rotas onde se planejam gasodutos e outras intervenções macroeconômicas, acirrando assim as tensões sociais. Portanto, questões básicas que dão suporte à expansão do capitalismo em termos de infraestrutura passaram a ser fonte de conflitos entre a população, principalmente entre ribeirinhos ou indígenas – que lutam pelos seus territórios por serem locais de vida e trabalho/sustento – e agentes econômicos interessados naqueles territórios e seus bens, como fontes de energia, ou para expandir matrizes energéticas sobre seus domínios, como os gasodutos, a exemplo dos conflitos pela água em Cochabamba, na Bolívia, em 2000; o bloqueio dos Aymarás no Peru (Lima, 2000-2001); e a questão do gás, também na Bolívia, nas negociações com o Brasil, entre 2003 e 2005. Ainda no Brasil, os conflitos de terras em zonas indígenas na Floresta Amazônica se acirraram depois do novo *boom* e furor para a plantação de cana para a produção de álcool, tido como nova alternativa energética para o consumo.

No passado, "o civilizador" saqueou os tesouros dos indígenas, escravizando-os em frentes de trabalho para a acumulação da época (do mesmo modo que fez com os negros vindos da África), atuando de forma devastadora em seus territórios. Hoje, os indígenas estão organizados em movimentos sociais, e em muitos países latino-americanos vivem em áreas urbanas, são parte do cenário de pobreza e desigualdade social. Alguns autores chegam a separar o termo movimento social do termo movimento indígena, pois consideram que este último tem uma especificidade e um campo próprios, não se confunde com outros movimentos sociais.

Os indígenas que ainda vivem nas florestas ou em pequenas comunidades segundo seus costumes detêm saberes sobre a floresta, tanto da arquitetura de seu território como de suas matas e animais. Crescem e se socializam nesse ambiente e têm com a terra uma relação que não passa pela ideia de propriedade. Eles fundamentam suas ações práticas e representações no plano simbólico, do sagrado – a "mãe natureza", a terra e a água têm estatuto divino, são "deusas". Aprenderam a conviver com a harmonia. Conhecem as plantas e seus efeitos medicinais.

Na América Latina, o Equador e a Bolívia são os países onde o movimento indígena mais avançou em termos de organização, mobilizações e conquista de direitos sociais. Na Bolívia e na Guatemala elegeram um dos seus para a Presidência da República. Este fato demarca uma nova etapa na relação do movimento dos povos indígenas com os governos locais, porque eles detêm outras concepções sobre a vida, a natureza e os seres humanos, herdadas de seus ancestrais, ainda que a maioria destes tenha sido morta ou escravizada pelos brancos europeus no período colonial. A Bolívia e o Equador não tiveram um avanço do capitalismo na escala industrial destruidora das relações sociais conforme ocorreu com o Brasil, a Argentina e o Chile. Encontramos nesses países signos e símbolos da cultura indígena bastante curiosos, como o uso da "chola" pelas mulheres (vestidos longos, saias rodadas, chapéu masculino). Essas vestimentas, usadas hoje como motivo de orgulho e marca de diferenciação de seus povos, no passado eram o modelo das senhoras europeias. As mulheres indígenas que "se emancipavam" passavam a usar essas roupas como imitação, visando equipararem-se às europeias. Era uma resistência afirmativa que se realizava via integração no padrão moderno, distante dos usos e costumes de seus povos originários. Em termos dos movimentos sociais, o Movimento ao Socialismo (MAS) é o mais desenvolvido na Bolívia, mas também o mais comprometido com as estruturas de poder. O caso boliviano é um exemplo típico para análise da elaboração de estruturas institucionais de participação e controle social, como a Lei de Participação Social elaborada ao final de 2009, debatida com os nove departamentos do país e com organizações nacionais indígenas e não indígenas.

No Brasil, já assinalamos anteriormente as importantes conquistas obtidas pós-Constituição de 1988. No novo século os indígenas buscam vender seus produtos não apenas em mercados alternativos, mas em mercados globalizados, por preços justos e competitivos. Segundo a mídia brasileira, o Brasil vive o *boom* do "orgulho indígena", dado o crescimento do número de grupos que reivindicam direitos como índios, tribos ou remanescentes de grupos originários dos estados do Pará, Ceará e Alagoas (vide *Folha de S. Paulo*, 20/11/2006: A10-A11). Na realidade, esse "orgulho" está longe de ser geral. Primeiro porque, a rigor, não há de que se orgulhar quando se observa, na análise dos dados do Censo do IBGE de 2010, que a maior incidência de miséria (quem sobrevive com renda média *per capita* de até R$ 70,00) está entre a população que se autodeclara indígena – 40%. Em segundo lugar, há inúmeros conflitos de grupos madeireiros, entre outros, com os indígenas, e as estatísticas de mortes de índios são altas. As políticas governamentais os tratam ainda de forma tutelada, assim como muitas organizações religiosas que os assessoram. O Estatuto do Índio de 1973 deixa os indígenas sob a tutela do Estado – à medida que preconiza que ele tem o dever de preservar a cultura indígena e "integrá-los, progressiva e harmoniosamente, à comunhão nacional". Portanto, a cultura indígena foi vista, no Estatuto de 1973, como sendo ainda primitiva, logo, eles deveriam ser "civilizados". Em 2009, o debate sobre o novo Estatuto do Índio, que tramita no Congresso brasileiro desde 1994, trouxe à tona motivações econômicas que subjazem à questão. Trata-se da questão dos minerais que existem em terras indígenas. Pelo Estatuto de 1973, a exploração das riquezas do solo nas terras indígenas caberia só a eles. Qualquer tipo de exploração de seus solos teria de passar pelo entendimento com os órgãos de assistência ao índio, no caso, a FUNAI. A Carta de 1988 permitiu a pesquisa e a lavra nas terras indígenas, mas as condicionou a uma lei específica, não aprovada até 2009. Portanto, a exploração de minérios em terras indígenas continuou vedada. O novo Estatuto altera as regras e apresenta a possibilidade da mineração realizada por empresas, desde que tenham a concordância dos índios e efetuem, em contrapartida, o pagamento pela ocupação e pela retenção da área, compensando-os com indenizações por eventuais danos. Ou seja, oferece-se pagamento pelos resultados.

Observa-se que o cenário para novos conflitos está se armando, pois os índios, antes definidos como incapazes, estão sendo promovidos no novo Estatuto como agentes de direitos, mas também como negociadores. A luta entre os interesses privados nas riquezas minerais em terras indígenas e os interesses indígenas – como seres específicos e também como parte da humanidade que habita as florestas e sempre as preservou – adquiriu, no debate e na votação do novo Estatuto, um caráter de luta econômica e luta cultural. Pressões, *lobbies*, interesses eleitorais, dentre outros, têm nublado a discussão e aberto brechas para a criação de futuras "serras peladas", especialmente na região Norte, cobrindo grande parte da Amazônia, onde se localiza a maioria das tribos das nações indígenas brasileiras.

Conclusões e desafios

Este texto fez um resgate do processo de construção da cidadania no Brasil nos últimos 30 anos. Deteve-se na atualidade, concluindo que formas novas de cidadania refletem um novo momento e um modelo na trajetória do associativismo brasileiro. Destacamos neste associativismo o papel dos movimentos sociais. Observa-se que alguns movimentos voltaram a ter visibilidade e centralidade, como atores que pressionam por processos de mudança social. Eles também se transformaram bastante; realizaram deslocamentos em suas identidades e incorporaram outras dimensões do pensar e do agir social; alteraram seus projetos políticos. Mas, como são muitos e heterogêneos, parte deles fragmentou-se, perdeu ou redefiniu sua identidade, suas ideias e seus pontos de vista centrais, alterando o projeto e a cultura política existentes. Outros se redefiniram segundo as mudanças de outros atores sociais em cena. Outros ainda aproveitaram brechas e se conectaram com as possibilidades dadas pela globalização econômica (geradora de resistências e protestos) e cultural (geradora de novas sociabilidades, novas interações e aprendizagens baseadas na pedagogia do exemplo – aprender via observação – nos grandes eventos transnacionais, ou via conexão na rede Internet). O exemplo principal deste último tipo é o movimento antiglobalização, também chamado de altermundialistas ou alterglobalização, ou ainda transnacionais (Donatella e Tarrow, 2005). Registre-se, entretanto, a heterogeneidade das formas de movimentos sociais.

Nossa análise destaca o caráter educativo das ações coletivas, organizadas sob a forma de movimentos sociais. Destaca ainda a ampliação desse cenário associativo para além da sociedade civil, adentrando em novas esferas públicas, a exemplo dos conselhos e conferências nacionais, e o surgimento de novos formatos desse associativismo, que trabalha agora essencialmente em rede. O Estado transformou suas relações com a sociedade civil organizada, impulsionando políticas públicas participativas, muitas delas coordenadas ou com a participação de antigas lideranças oriundas de movimentos sociais. A busca da institucionalização de práticas antes autônomas tornou-se uma constante. Novo marco regulatório oficial possibilitou a criação de inúmeras inovações no campo da gestão democrática, e o leque de entidades e associações atuando no campo da educação, especialmente na educação não formal, cresceu bastante.

Disso tudo resulta um cenário contraditório no qual convivem entidades que buscam a mera integração dos excluídos, por meio da participação comunitária em políticas sociais exclusivamente compensatórias, com entidades de redes e fóruns sociais que buscam a transformação social por meio da mudança do modelo de desenvolvimento que impera no país. Estes últimos são inspirados em novo modelo civilizatório no qual a cidadania, a ética, a justiça e a igualdade social sejam imperativas, prioritárias e inegociáveis.

Há muitos desafios a ser enfrentados. Como meta geral, precisamos alterar a cultura política de nossa sociedade (civil e política), ainda fortemente marcada pelo clientelismo, pelo fisiologismo e por diversas formas de corrupção; reestruturar a cultura administrativa de nossos órgãos públicos ainda estruturados sobre os pilares da burocracia e do corporativismo; contribuir para o fortalecimento de uma cultura cidadã que respeite os direitos e deveres dos indivíduos e coletividades, pois a cidadania predominante se restringe ao voto e é ainda marcada pelas heranças coloniais da subserviência e do conformismo.

Em resumo, o compromisso ético e a opção pelo desenvolvimento de propostas que tenham por base a participação social via protagonismo da sociedade civil exigem uma clara vontade política das forças democráticas organizadas para a construção de uma nova sociedade de fato. É preciso que se respeitem os direitos de cidadania e que se aumentem progressivamente os níveis de participação democrática da população nos espaços públicos, consolidados em instituições que dão forma aos direitos humanos e ao exercício da participação cidadã, presentes nos conselhos, plenárias, fóruns e outras possíveis instituições a serem inventadas. Tudo isso compõe o universo da temática dos movimentos sociais e cidadania. Concluímos lembrando um alerta de Rancière, quando critica as formas de participação não emancipadoras, criadas apenas para estabelecer consensos e controles, dizendo que nesses casos a participação política é confundida com o consenso e a política deixa de ser "a reivindicação da parte dos que não têm parte, a uma intervenção de expedientes" (Rancière, 1995).

Referências bibliográficas

BAUMAN, Zygmunt. *Community*. Cambridge: Polity, 2001.

BOBBIO, Norberto; MATTEUCCI, Nicola; PASQUINO, Gianfranco. *Dicionário de política*. 2ª ed. Brasília: UnB, 1986.

BORON, Atílio; LECHINI, Gladys (org.). *Política y movimientos sociales en un mundo hegemónico. Lecciones desde África, Ásia y América Latina*. Buenos Aires: CLACSO, 2006.

CASTELLS, Manuel. *A sociedade em rede*. São Paulo: Paz e Terra, 1999.

_____. *Observatório Global*. Barcelona: Ed. Laiee, 2008.

CATTANI, Antonio; Cimadamore, Alberto (org.). *Produção de pobreza e desigualdade na América Latina*. Porto Alegre: CLACSO/Tomo Editorial, 2007.

DAGNINO, Evelina; OLVERA, Alberto; PANFICHI, Aldo (org.). *A disputa pela construção democrática na América Latina*. São Paulo; Campinas: Paz e Terra; Unicamp, 2006.

DELLA PORTA, Donatella. *O movimento por uma nova globalização*. São Paulo: Loyola, 2007.

_____.; TARROW, Sidney (org.). *Transnational Protest and Global Activism*. Londres: Rowman & Littlefield Publi., 2005.

DUSSEL, Enrique. *A ética da libertação na idade da exclusão*. Petrópolis: Vozes, 2002.

FRASER, Nancy. Recognition without Ethics. In: *Theory, Culture and Society*, n. 18, 2001.

GOHN, Maria da Glória. *O Protagonismo da sociedade civil: movimentos sociais, ONGS e redes solidárias*. 2ª ed. São Paulo: Cortez, 2008.

_____. *Movimentos e lutas sociais na História do Brasil*. 6ª ed. São Paulo: Loyola, 2011.

_____. *Movimentos sociais e educação*. 7ª ed. São Paulo: Cortez, 2009.

_____. *Novas teorias dos movimentos sociais*. 3ª ed. São Paulo: Loyola, 2010.

_____. *Movimentos sociais e redes de mobilizações civis no Brasil contemporâneo*. Petrópolis: Vozes, 2010.

_____. *Teorias dos movimentos sociais. Paradigmas clássicos e contemporâneos*. 9ª ed. São Paulo: Loyola, 2011.

HESSEL, Stéphane. *Indignai-vos!* Lisboa: Ed. Objectiva, 2011.

HONNETH, Axel. *Luta por reconhecimento. A gramática moral dos conflitos sociais*. São Paulo: Editora 34, 2003.

MCDONALD, Kevin. *Global Movements. Action and Culture*. Oxford: Blackwell, 2006.

MELUCCI, Alberto. *Challeging Codes*. Cambridge: Cambridge Press, 1996.

NEGRI, Antonio; COCCO, Giuseppe. *GlobAL: biopoder e luta em uma América Latina globalizada*. São Paulo: Record, 2005.

OBSERVATORIO SOCIAL DE AMÉRICA LATINA. Movimientos sociales y gobiernos en la región Andina. Resistencias y alternativas en lo político y lo social. In: *Revista OSAL*, n. 19. Buenos Aires: CLACSO, 2006a.

_____. Movimientos sociales: nuevas realidades, nuevos desafíos. In: *Revista OSAL*, n. 21. Buenos Aires: CLACSO, 2007.

QUIJANO, Aníbal. El laberinto de América Latina: ¿hay otras salidas? In: *Revista OSAL*, v. 5, n. 13. Buenos Aires: CLACSO, 2004.

RANCIÈRE, Jacques. *Políticas da escrita*. São Paulo: Editora 34, 1995.

SANTOS, Boaventura de S. (org.). *A gramática do tempo. Para uma nova cultura política*. São Paulo: Cortez, 2006.

SCHERER-WARREN, Ilse. *Redes de Movimentos Sociais*. São Paulo: Loyola, 1993.

SEOANE, José (org.). *Movimientos sociales y conflito en América Latina*. Buenos Aires: CLACSO/OSAL, 2003.

SEOANE, José; TADDEI, Emilio (org.). *Resistências mundiais*. Petrópolis: Vozes, 2001.

SVAMPA, Maristella. *Cambio de época. Movimientos sociales y poder político*. Buenos Aires: CLACSO/SigloXXI, 2008.

TARROW, Sidney. *Power in Movement*. Cambridge: Cambridge Press, 1994.

_____. *New Transnational Activism*. Cambridge: Cambridge Press, 2005.

TILLY, Charles; TARROW, Sidney. *Contentious Politics*. Boulder: Paradigm Publishers, 2007.

TOURAINE, Alain. *¿Podremos vivir juntos?* Buenos Aires: Fondo de Cultura Económica, 1997.

_____. *Un nouveau paradigme*. Paris: Fayard, 2005.

_____. *O mundo das mulheres*. Petrópolis: Vozes, 2007a.

_____. *Penser autrement*. Paris: Fayard, 2007b.

VILLASANTE, Tomás. *Redes e alternativas-estratégias e estilos criativos na complexidade social*. Petrópolis: Vozes, 2002.

Feminismo e políticas de reconhecimento: uma história cautelosa

Nancy Weiss Hanrahan

As normas culturais da feminilidade que legitimam a subordinação de gênero também desafiam a experiência vivida e as tentativas frustradas das mulheres quanto a uma profunda mudança institucional. Portanto, tem sido necessário para as feministas lutar por igualdade entre os gêneros no terreno simbólico da cultura, assim como no terreno material da economia e da política, e insistir em que as construções culturais tenham efeitos materiais. Uma forma dessa luta é a política de reconhecimento, que visa ao componente cultural da desigualdade social. É uma estratégia para corrigir a percepção errônea das mulheres – o entendimento de suas diferenças em relação aos homens como falta ou inadequação, bem como o seu apagamento do registro das realizações humanas – que está implícita na estrutura da subordinação de gênero. Mas, no mesmo grau em que tem sido necessário, o reconhecimento também tem provado ser uma política contraditória, com resultados ambíguos e custos significativos.

Neste ensaio, em primeiro lugar discutirei a importância da cultura, e da crítica da cultura, como um aspecto tanto da reflexão teórica feminista quanto da prática política feminista. A política de reconhecimento, entretanto, é uma formação historicamente específica que surgiu nos anos 1980 como resposta ao declínio do Estado de bem-estar social, à crítica interna do feminismo como movimento e à ascensão das políticas de identidade de uma maneira geral. Apresentarei algum contexto histórico desse desenvolvimento antes de considerar as tensões e contradições inerentes às estratégias de reconhecimento. Os programas acadêmicos de estudos sobre mulheres e gênero, que foram desenvolvidos como resposta à invisibilidade das mulheres na academia e têm sido locais de contestação sobre o reconhecimento desde então, servirão como espaço específico de análise. Minhas reflexões finais sobre a política de reconhecimento são tiradas desses embates.

Por que a cultura é importante

Feministas há muito reconhecem que desigualdade social e subordinação de gênero têm fortes sustentáculos culturais. A marginalização política e econômica das mulheres sempre foi sustentada, e legitimada, por noções culturais de sexo feminino e feminilidade que relegam as mulheres à esfera doméstica. O culto da domesticidade e da santidade da família, a noção das mulheres como nutridoras e não como líderes, e a ideia de que a pureza das mulheres seria violada por sua entrada na esfera pública fornecem forte justificativa ideológica para a marginalização das mulheres. Mas o que talvez seja o mais extraordinário é que essas ideias, essas normas culturais, acompanharam as mulheres de dentro de casa para o local de trabalho, para a universidade, para a esfera pública política; na verdade, para dentro de todo o domínio social, ainda que os ganhos do movimento das mulheres tenham lhes proporcionado oportunidades em todas as dimensões da vida pública. Apenas como exemplo, apesar do número crescente de mulheres participando da força de trabalho e apesar de qualificações melhores (inclusive educacionais) para uma ampla variedade de empregos, as mulheres de todo o mundo ainda ganham menos que os homens em funções equivalentes.

Como explicar isso? Como Carol Pateman colocou certa vez, não é que as mulheres estejam ausentes do local do trabalho remunerado, é que elas estão presentes de uma maneira diferente. Segundo Nancy Fraser, o papel do "trabalhador" no capitalismo contemporâneo é masculinamente orientado, de modo que as mulheres ocupam esse papel com um grau de dissonância que as torna inadequadas como trabalhadoras – através de discriminação sexual na contratação, sobrerrepresentação em ocupações nutridoras e sexualizadas, ou das "carreiras para mães" (Fraser, 1987). Mais importante, as mulheres são percebidas integrando a força de trabalho na condição de assalariadas complementares e não como assalariadas principais que sustentam uma família, como seus colegas do sexo masculino. A suposição é a de que ela poderia ou deveria estar em casa, com filhos e um homem para sustentá-la, como uma dependente que necessita de proteção. Essa noção de feminilidade normativa é mais que apenas um conto de fadas que tem muito pouco a ver com a vida da maioria das mulheres. É um poderoso instrumento cultural para avaliar a experiência de vida das mulheres como normal ou "desviante", e representa um grande constrangimento à capacidade das mulheres de seguir carreiras e fazer escolhas que não se enquadrem nas normas.

Uma das grandes intuições de Simone de Beauvoir foi a de que a mulher é "a outra". Ela não é um ser existente em si mesmo, uma pessoa real envolvida em relações sociais verdadeiras, mas uma projeção, um espelho. É "a outra" do homem, o que quer que seja que ele projete para ela ser – madona ou prostituta, musa ou mulher maldita, companheira dócil ou megera feroz. Ela é mito, fantasia e ideal em todas as suas surpreendentes contradições. Mas isso não interessa, porque, nesse espelho, o homem reconhece apenas o objeto do seu desejo. Quem a reconhece, então, como um sujeito em si mesmo?

Um pouco de história

A virada cultural do feminismo em direção à política do reconhecimento precisa ser considerada dentro das transformações históricas do Estado de bem-estar, das persistentes críticas internas do movimento e das questões teóricas sobre a categoria das mulheres tanto em sua realidade ontológica quanto como sujeito político. A princípio, o problema da igualdade para as mulheres na "segunda onda" dos anos 1960 pareceu ser uma questão, bastante simples, de assegurar independência e atuação por meio de oportunidade econômica, participação política plena e acesso ao controle da natalidade. No ambiente dos novos movimentos sociais, o feminismo desafiou as exclusões de gênero da democracia social "problematizando o paternalismo do bem-estar e a família burguesa", e "expandindo os limites da contestação para além da redistribuição socioeconômica incluindo o trabalho doméstico, a sexualidade e a reprodução" (Fraser, 2009: 104).

Como estratégia política, as feministas confiaram no Estado de bem-estar como um instrumento para transformar a dominação masculina, por exemplo, pressionando o Estado a adotar políticas de ação afirmativa ou a obrigar as seguradoras a oferecerem cobertura de saúde às mulheres na gestação. Usaram os tribunais para estabelecer critérios de assédio sexual e para reconhecer a violência doméstica como um problema público e não privado. Fraser sugere, entretanto, que por volta de 1989 o ressurgimento da política econômica neoliberal e seu ataque ao Estado de bem-estar foram tão completos que deixaram os movimentos feministas sem uma estratégia de longo prazo viável para a busca de seus objetivos. Naquele ambiente, e, de uma maneira mais ampla, com a ascensão das políticas de identidade, eles se voltaram para uma articulação mais cultural que econômica de reivindicações políticas – na direção de uma política de reconhecimento.

Certamente, o componente cultural da desigualdade entre os gêneros sempre foi matéria de interesse, e a intenção original era juntar as duas formas de reivindicar politicamente, usando uma para apoiar os interesses da outra. No entanto, esse período se distingue das fases iniciais do feminismo, segundo Fraser, pela "relativa autonomização do projeto cultural – seu desacoplamento do projeto de transformação político-econômica e justiça distributiva" (2009: 105).

A virada em direção à cultura também foi inspirada por debates internos dentro dos movimentos feministas tendo em vista as diferenças culturais entre as próprias mulheres. No período inicial, dos anos 1960 a meados dos anos 1980, as questões de princípio referiam-se à igualdade ou diferença das mulheres em relação aos homens. Por exemplo, argumentos pela igualdade no local de trabalho e por igual representação política foram amparados pela afirmação de que homens e mulheres são igualmente inteligentes, capazes de trabalhar duro, hábeis e competentes. No entanto, esses argumentos tendem a erradicar, ou ao menos a obscurecer, importantes diferenças nas experiências de vida de homens e mulheres que estruturam sua participação tanto no domínio social público quanto no privado. As mulheres obviamente são iguais aos homens em termos do talento que trazem para o local de trabalho, mas seu potencial para serem promovidas só pode ser assegurado se sua diferença em relação aos homens – como gerar e cuidar das crianças em primeiro lugar na família – for reconhecida e o local de trabalho estiver apto a acomodar essa diferença. Por outro lado, muitas feministas se preocupavam com o conforto que o reconhecimento dessas diferenças daria ao inimigo, uma vez que constituíram o principal fundamento para a exclusão das mulheres do domínio do trabalho remunerado. O grupo de pessoas representadas pelo termo "mulheres" nesses debates ou era considerado não problemático ou era ignorado como uma jogada tática, no interesse dos objetivos mais amplos de emancipação social e política.

Além disso, o feminismo não poderia ignorar a bem fundamentada crítica interna de este ser um movimento *de*, *por* e *para* mulheres brancas, heterossexuais de classe média se quisesse refletir as experiências e os interesses de mulheres afro-americanas, de classe trabalhadora, lésbicas e de minorias étnicas. E muito menos reivindicar legitimidade social como movimento amplamente democrático sem essa reflexividade sobre suas próprias práticas políticas e teóricas. No decorrer do tempo, a questão de quem estava sendo representada nesses debates, quem estava realmente incluída na categoria "mulher", quem era o sujeito da política feminista, não pôde mais ser colocada de lado em nome de um bem maior. As estudiosas feministas afro-americanas Patricia Hill Collins e Bell Hooks apontaram exclusões no discurso feminista e demonstraram descontinuidades históricas entre as formas de opressão de gênero experimentadas por mulheres negras e brancas nos EUA. No processo, o trabalho delas estabeleceu o fundamento para muitas reflexões teóricas – de Judith Butler, Chantal Mouffe, Iris Marion Young, Carol Patemen e muitas, muitas outras que vieram em seguida. Se o problema era, como Mouffe delineou, que "muitas feministas acreditam que, sem ver as mulheres como uma identidade coerente, não podem basear a possibilidade de um movimento político feminista no qual as mulheres possam se unir para formular e buscar objetivos feministas específicos", a solução era encontrar "outro ponto de partida normativo para a teoria feminista que não exigisse reconstruir ou tornar visível um sujeito feminino que não dá conta de representar, e muito menos de emancipar, a série de seres corporificados e culturalmente posicionados como mulheres" (Butler, 1990: 325). Esse desafio tem sido a preocupação de estudiosas feministas nas duas últimas décadas, e implicou repensar radicalmente as categorias de cidadania, solidariedade e identidade.

A mudança de "diferença *versus* igualdade" para "diferenças entre as mulheres" é uma evidência da forte ligação entre a teoria feminista e a prática política feminista. Nessas circunstâncias históricas, entretanto, a virada cultural também foi uma virada interna, uma vez que a constituição do movimento e sua categoria organizadora central foram objeto de reflexões críticas e conflitos contínuos. Dadas também as possibilidades restritas de uma política de redistribuição econômica, cultura e mudança cultural tornaram-se modos dominantes de reflexão e ação feministas na era das políticas de identidade.

Estratégias de reconhecimento

A política de reconhecimento visa corrigir o reconhecimento incorreto de grupos sociais marginalizados desconstruindo os significados de diferença social. Suas estratégias específicas são planejadas para retratar sob uma luz mais positiva as características desses grupos e para agir contra seu apagamento das narrativas da nação, da história e do progresso. Assim, as comemorações anuais da história das mulheres e da história afro-americana têm sido a pedra angular dessa forma de política cultural nos EUA, bem como os esforços para desenvolver instituições culturais proeminentes, como museus nacionais, que explorem a história específica de diferentes grupos sociais e exibam sua contribuição para a arte, a ciência e outros empreendimentos.

A política de reconhecimento também pode assumir a forma de modificação de representações simbólicas, como a pressão sobre Hollywood para mudar a maneira de retratar os grupos sociais marginalizados ou para incluir seus membros em elencos de espetáculos de televisão ou de filmes importantes. Para as mulheres, isso tem resultado em sua presença na tela não somente como o eternamente lindo "interesse amoroso" do galã, mas como mulheres em ocupações, relacionamentos e papéis não tradicionais que servem como modelo para as aspirações de jovens e meninas e ampliam seu leque de possibilidades. Porque a ação afirmativa e outras políticas públicas que buscam reparar a marginalização histórica têm uma chance muito maior de sucesso se as pessoas são capazes de se visualizar nas posições que podem ser abertas para elas, algo que se torna muito mais provável se essas posições são vistas como normais e não como desviantes.

Não há dúvida de que essas estratégias foram, de certo modo, bem-sucedidas em desconstruir os significados da diferença social, desmontando estereótipos e abrindo oportunidades. Então, ao sugerir que os resultados do "reconhecimento da diferença" foram ambivalentes, não desejo diminuir a importância do que tem sido alcançado por esses meios. Mas, como as feministas descobriram, a política simbólica de reconhecimento das diferenças produz consequências não intencionais e pode ser contraditória tanto na teoria quanto na prática. Os programas acadêmicos de estudos sobre as mulheres nos EUA são um ponto de observação útil para se analisar a política de reconhecimento, uma vez que, em sua criação e no decorrer de sua existência, têm sido um local dramático dessas lutas. Falo com alguma experiência, pois dirigi um desses programas e o centro de pesquisas e recursos ligado a ele por sete anos.

Como a pressão exercida sobre outras instituições culturais, a mudança do currículo acadêmico também foi uma estratégia de reconhecimento que pressionou pela inclusão de vozes diferentes nos cânones do conhecimento e na produção dos processos de conhecimento. O desenvolvimento de programas de graduação em estudos das mulheres nas universidades dos EUA fez mais que apenas criar um espaço para a discussão da desigualdade entre os gêneros e da "experiência" das mulheres – deu visibilidade e legitimidade institucional para a pesquisa e o ensino na área. Desmontando a concepção de sujeito humano universal e fazendo do gênero a categoria central de reflexão crítica, esses programas fizeram parte de uma estratégia para reconhecer as mulheres tanto como produtoras quanto como sujeitos do conhecimento e para articular uma crítica fundamentada das instituições sociais que reforçaram e perpetuaram o mito da "mulher". Foram bem-sucedidos e com brilhantismo.

Mas, no processo, surgiram tensões entre o reconhecimento da diferença e a criação de novos significados para diferença social, deixando a diferença com *menos* significado em termos sociais. Pois o objetivo último era desmantelar as hierarquias sociais baseadas na diferença, tornar a diferença cultural irrelevante como critério de acesso a recompensas e oportunidades materiais e simbólicas. No entanto, na medida em que reconhecer a diferença e tornar visível o que antes era invisível fez avançar a causa da igualdade social, isso com frequência foi alcançado às custas de aumentar e materializar a diferença, contribuindo, assim, no caso das mulheres, para a polaridade dos gêneros, que é a base de sua subordinação. Os programas de estudos sobre as mulheres e o gênero ficaram presos nesse enigma, que acompanha de perto as tensões inerentes aos debates "igualdade *versus* diferença" dos anos 1960 e 1970. Por um lado, esses programas reivindicam um território intelectual específico – o estudo do gênero – para o feminismo. Mas o objetivo essencial da pesquisa feminista não é transformar os estudos sobre gênero num gueto dentro de programas acadêmicos que são, eles mesmos, frequentemente marginalizados, mas difundir o estudo sobre gênero, isto é, transformar todas as disciplinas acadêmicas de modo que o gênero seja uma variável em todo paradigma teórico e em toda agenda de pesquisa.

É possível seguir uma estratégia bifurcada ou temos que fazer uma escolha? A importância do espaço distintamente feminista dos programas sobre mulheres e gênero não pode ser subestimada – foi uma realização árdua e um aspecto importante de ganho de reconhecimento, para as mulheres, de suas histórias, experiências e contribuições para o conhecimento. E continua a servir como fonte de inspiração, particularmente para jovens mulheres que tentam entender as oportunidades de sua vida e encontrar o seu lugar no mundo. Se insistirmos na preservação desse espaço, arriscamos tornar os estudos sobre gênero um gueto? Se não, como avaliar quando ele já está suficientemente difundido? Porque não queremos correr outro risco – pois se esses programas desaparecerem, as mulheres se tornarão mais uma vez invisíveis.

Essa contradição, construída dentro da política de reconhecimento, pode também resultar no que Fraser chama de "reconhecimento incorreto de reação", na medida em que formas de reparação se transformam em formas de privilégio. Como diretora do *Women's Center* (Centro das Mulheres), perguntavam-me frequentemente, de estudantes a membros do *Board of Visitors* (Conselho de Visitantes, o mais alto órgão administrativo da universidade): "Onde fica o *Men's Center* (Centro dos Homens)?" A brincadeira entre as pessoas do nosso quadro de funcionários era: "No resto do campus." Mas, oficialmente, éramos chamados a justificar a existência do centro e do programa acadêmico, a demonstrar que também tínhamos homens na faculdade e homens em nossas turmas e que nossos eventos serviam a toda a comunidade do campus.

Esse problema institucional é um exemplo da tensão entre particularismo e universalismo, tão presente no discurso e na prática dos direitos humanos e da ação afirmativa, e que é um fator em muitos cenários institucionais onde se requer sensibilidade à diferença cultural. Ser particularista, servir somente aos interesses das mulheres, é, ao mesmo tempo, uma necessidade e um problema. Por exemplo, as políticas de licença maternidade são necessárias para tornar o ambiente de trabalho justo, porque proporcionam segurança no emprego e a possibilidade de promoção para as mulheres que precisam deixar o local de trabalho por curtos períodos para cuidar de filhos pequenos. No entanto, com frequência são atacados como sendo preferenciais, na medida em que são oferecidos apenas para as mulheres, isto é, apenas para indivíduos de um tipo particular. De maneira similar, os programas acadêmicos de estudos sobre mulheres (e, na Universidade George Mason, seu centro associado) foram criados para reparar a marginalização histórica de um grupo particular – as mulheres – dentro do campo acadêmico. Mas, uma vez institucionalizados, têm sido contestados exatamente por esse particularismo, e em razão de representarem uma alocação de recursos que uma universidade liberal, devotada a princípios de abertura, justiça e acesso igualitário, não deveria sancionar. Institucionalmente, reconhecer e reivindicar a diferença são cruciais tanto para a identidade quanto para o sucesso do trabalho desses programas. Mas os coloca em risco constante.

Qualquer forma de reconhecimento de diferença é, por definição, particularista – um grupo social marginalizado precisa primeiro ser reconhecido para então reivindicar reparação. Mas, na medida em que essas reivindicações avançam para um contexto mais amplo das relações sociais, quase sempre se justificam com base em normas universais de igualdade ou justiça. Por sua vez, os programas acadêmicos de estudos sobre mulheres e gênero foram desenvolvidos para reconhecer as experiências e o potencial das mulheres e para fornecer um baluarte institucional contra a desigualdade entre os gêneros. No entanto, estudiosas feministas insistem corretamente em que o gênero é um sistema que estrutura as oportunidades de vida não somente das mulheres, mas de todos os membros da sociedade, e, portanto, seu estudo é relevante para todos. Os programas servem às necessidades particulares das mulheres ao mesmo tempo que afirmam a desigualdade entre os gêneros; o próprio gênero, na verdade, é um problema social sistêmico, e um problema que tem efeitos universais.

A preocupação institucional sobre a quem servem os estudos sobre mulheres e gênero espelha um debate interno sobre a identidade do sujeito dos estudos sobre mulheres, e sobre a questão da diversidade. Como mencionado anteriormente, enquanto, em um estágio inicial, o movimento feminista esteve principalmente preocupado com as questões de igualdade e diferença em relação aos homens, nos anos 1980, sua atenção voltou-se para as diferenças entre as mulheres. Embora tenham sido teórica e politicamente necessárias, no clima da época, políticas de identidade, isso se tornou uma obsessão. O debate teórico "essencialismo *versus* antiessencialismo" concretizou-se na medida em que a atenção da faculdade em programas por todo o país se voltou para um processo de autocrítica. Aos interesses e necessidades de quem servimos? Nossos programas e aulas são bastante diversificados? Estamos tendo alcance suficiente entre os estudantes negros, ou na comunidade LGBT, ou entre os homens? Deveríamos mudar o nome do programa de estudos sobre mulheres para estudos de gênero? Ou, nesse caso, a preocupação específica com a igualdade para as mulheres ficaria diluída? Mais teoricamente, se todos possuem gênero, qual o sujeito dos estudos sobre mulheres? E, sem um sujeito, os estudos sobre mulheres ainda seriam viáveis?

É claro que estas reflexões sobre o sujeito dos estudos sobre mulheres correm paralelas aos debates sobre o sujeito das políticas feministas. Ambos são, em si mesmos, linhas férteis de investigação. O problema é que essa reflexão interna teve como resultado desviar a atenção da *realpolitik*, de forças políticas poderosas e fontes de injustiça surgidas nesse intervalo. Fraser (2009) sugere que a maior ameaça à igualdade de gêneros e justiça social nesse período foi o ressurgimento das políticas econômicas neoliberais. Mas as políticas de reconhecimento desviaram a atenção daquele importante desenvolvimento, focando, em lugar disso, na política cultural das instituições sociais, inclusive a universidade. O efeito maior foi um deslocamento da crítica e da ação políticas. Quando a decisão pessoal do diretor de um programa de estudos sobre mulheres e gênero se torna objeto de mais indignação estudantil que as atitudes bizarras de George Bush e Dick Cheney, obviamente é tempo de repensar nossas prioridades. Há um número incontável de histórias de colegas da área sobre essa má canalização da frustração e da raiva, a incapacidade para distinguir entre a política universitária e a política numa escala mais ampla, ou entre a hierarquia da administração universitária e as estruturas profundas de autoridade e controle social representadas pela administração de uma nação empenhada em guerra. Talvez houvesse uma menor probabilidade de os nossos estudantes seguirem essas formas de política cultural se os estudiosos feministas tivessem provido uma crítica baseada em gênero e mais convincente do neoliberalismo. Felizmente, esse problema está sendo abordado, na medida em que feministas trabalham internacionalmente para analisar essas políticas e suas implicações na justiça social em escala global.

E então, o que aprendemos?

Não há dúvida de que o reconhecimento da diferença é um componente da luta por igualdade entre os gêneros. A persistência das normas culturais de feminilidade e masculinidade e das concepções idealizadas de "mulher", que têm uma relação muito pequena com a experiência vivida, contribui de maneira significativa para questões estruturais de oportunidade econômica, representação política e segurança pessoal. Mas é crucial que entendamos as suas limitações como forma de política.

Em primeiro lugar, o reconhecimento pode ser uma estratégia importante num tempo e num lugar específicos, ou em conjunção com outras formas de luta social. Mas não pode ser um fim em si mesmo. O estabelecimento dos programas acadêmicos de estudos sobre as mulheres nos EUA foi necessário nos anos 1970 e 1980 porque não havia espaço para a investigação feminista na maioria das disciplinas acadêmicas tradicionais. Mas uma vez que modificações e saberes feministas permearam essas áreas de investigação, temos que parar e perguntar quais são, dadas essas novas circunstâncias, os objetivos finais desses programas e a que propósito servem para a continuação de sua existência. E, na verdade, há um intenso debate em curso exatamente sobre essa questão. Porque o feminismo, como qualquer teoria crítica, não é nada se não for reflexivo sobre suas próprias condições de possibilidade de mudança das circunstâncias históricas. Por outro lado, a relativa falta de visibilidade e legitimação institucional do saber feminista nas universidades brasileiras pode sugerir um diferente curso de ação naquele contexto institucional.

Em segundo lugar, é crucial manter um foco duplo. Em se tratando de uma matéria teórica, as feministas nunca perderam de vista a maneira complexa pela qual a cultura e a estrutura social são mutuamente constitutivas. Mas a "autonomização" do projeto cultural de que Fraser falou foi o que aconteceu em relação à prática feminista, particularmente entre estudantes e estudiosos da geração mais jovem, que não participaram dos grupos de conscientização dos anos 1970 e ingressaram no feminismo na era das políticas de identidade. A cultura não é um epifenômeno nem flutua livremente; ela orienta nossa ação no mundo, estrutura as instituições sociais e as práticas sociais, e provê uma linguagem de justificação simbólica para as maneiras de ser e os modos de interagir dentro de cada domínio institucional. Na medida em que a cultura é inseparável da estrutura social, uma política cultural efetiva deve voltar-se para as lutas políticas e econômicas de sua época.

Dito isto, se há alguma coisa que as feministas aprenderam com as políticas de reconhecimento, foi que *fundir* cultura e política é um erro. Somente asseverar a diversidade não resolve problemas sociais – por esse critério, Barack Obama significaria o fim do racismo nos EUA, e Dilma, o fim do sexismo no Brasil. As diferenças culturais não são em ou por si mesmas diferenças políticas: não é possível simplesmente transpor de um domínio social para outro. Entretanto, as diferenças culturais podem se tornar políticas e um dos maiores sucessos do movimento feminista tem sido transportar novos significados sobre diferenças de gênero para os sistemas político, legal e econômico, abrindo espaço para mudanças em nível institucional. Ao mesmo tempo, expor as bases culturais dos discursos, práticas e programas políticos é a função central de qualquer política cultural.

A política de reconhecimento continua sendo um terreno contestado de reflexão e ação críticas. Como parte de uma crítica mais ampla da injustiça social e de uma estratégia mais ampla para combatê-la, pode ser um componente efetivo na luta por igualdade social. Mas precisamos ter clareza a respeito do que pode efetivamente ser alcançado por meios culturais, dados os problemas específicos que buscamos abordar e a arena na qual agimos. Isso será mais importante do que nunca na medida em que se planeja uma resposta às formas poderosas de injustiça de gênero presentes num mundo cada vez mais globalizado.

Referências bibliográficas

BUTLER, Judith. Gender trouble, feminist theory, and psychoanalytic discourse. In: NICHOLSON, L. J. (Ed.). *Feminism/Postmodernism*. Nova York: Routledge, 1990.

COLLINS, Patricia Hill. *Black Feminist Thought*. Nova York: Routledge, 2000.

DE BEAUVOIR, Simone. *The Second Sex*. Nova York: Vintage,1989.

FRASER, Nancy. Mapping the feminist imagination: from redistribution to recognition to representation. In: _____. *Scales of Justice: Reimagining Political Space in a Globalizing World*. Cambridge: Polity Press, 2008.

_____. What's critical about critical theory: the case of Habermas and gender. In: BENHABIB, S.; CORNELL, D. (Ed.). *Feminism as Critique: On the Politics of Gender.* Mineápolis: University of Minnesota Press, 1987.

HOOKS, Bell. *Feminist Theory from Margin to Center*. Cambridge, MA: South End Press, 1984.

MOUFFE, Chantal. Feminism, citizenship, and radical democratic politics. In: BUTLER, Judith; SCOTT, Joan (Ed.). *Feminists Theorize the Political*. Nova York: Routledge, 1992.

Direitos humanos, dissidência e a construção de uma cidadania substantiva: imigrantes latinos nos Estados Unidos

Suzanne Oboler

Em tempos de guerra, a primeira vítima é a Verdade.

ESTAS FORAM PALAVRAS ESCRITAS HÁ MUITO TEMPO PELO FAMOSO correspondente de guerra britânico Phillip Knightly (1976). Ao longo da última década, dois jornalistas mexicano-americanos, Roberto Rodríguez e Patrisia Gonzáles, expuseram continuamente as distorções que penetraram o que poderíamos chamar de conhecimento de "senso comum" que organizou, até o momento, a nossa vida cotidiana na sociedade dos EUA. Em nome do patriotismo, por exemplo, eles observam que as nossas liberdades civis foram reduzidas; que o medo e a desconfiança de concidadãos cada vez mais se tornam a norma aceita. As perseguições em massa a grupos de diferentes origens nacionais passaram praticamente despercebidas por qualquer um além dos grupos diretamente envolvidos. Como observou Zbigniew Brzezinski, o antigo assessor de Segurança Nacional do presidente Carter, em 2007:

> A cultura do medo gerou intolerância, suspeitas contra estrangeiros e a adoção de procedimentos legais que enfraquecem noções fundamentais de justiça. Inocente até que se prove culpado foi diluído se não desfeito, com alguns – mesmo cidadãos americanos – encarcerados por longos períodos de tempo sem acesso efetivo e imediato a um processo justo. Não há nenhuma evidência conhecida e concreta de que esse excesso impediu atos significativos de terrorismo, e as condenações de possíveis terroristas de qualquer espécie foram poucas e afastadas. Algum dia os americanos ficarão tão envergonhados deste registro quanto

> estão agora das instâncias anteriores na história dos EUA em que o pânico de muitos levou à intolerância contra poucos.

Assim, até o final da primeira década do século XXI, o racismo passou a ser oficialmente tolerado em vários estados, tornando-se política oficial em Arizona por meio da lei SB 1070, com legislações que a imitam e que foram introduzidas em pelo menos dezesseis outros estados em todo o país, incluindo-se Georgia, Florida, Texas, Nevada, Illinois e Utah (Wessler, 2010). Mais recentemente, em Alabama, o governador Robert Bentley aprovou a HB 56, considerada "uma das leis nacionais de imigração mais severas" até o momento (Hing, 2011).[1] De acordo com Keith Rushing (2011), a HB 56, que entrou em vigor após o fracasso de um processo federal para derrubá-la no final de setembro de 2011,

> exige que a polícia investigue a situação de imigração daqueles parados em bloqueios rotineiros de trânsito se tiveram uma "suspeita razoável" de que uma pessoa está sem documentação. É óbvio que a polícia julgará quem deve investigar com base na aparência, incluindo a cor da pele. A lei também permitirá que imigrantes sem documento sejam detidos sem fiança; tornará crime para um imigrante sem documento fazer negócios com o Estado; fará com que seja um delito para um residente irregular estar sem documentos de imigração e exigirá que escolas do ensino fundamental e médio verifiquem a situação de imigração de novos alunos.

Na primeira semana de sua implementação, a criminalização de imigrantes pela lei, o seu efeito arrepiante na população latina do estado e o seu impacto sem dúvida prejudicial à economia tornaram-se particularmente visíveis para os agricultores de Alabama, muitos dos quais também estão cientes do impacto negativo da lei nos direitos humanos e, de fato, na própria humanidade dos agricultores. Como um agricultor de Alabama explicou para Rushing (2011) apenas dias após a lei entrar em vigor, "do jeito que a lei está agora... se você tiver qualquer coisa a ver com [imigrantes], você está violando a lei. Se você os vir e eles estiverem com fome, ou se eles forem atropelados por um automóvel e estiverem caídos em um canto e você os ajudar, você está violando a lei..." Ele concluiu afirmando: "Simplesmente não é certo."

Enquanto a lei de imigração HB 56 de Alabama é um testamento à notória história racista contínua naquele estado, e uma versão extrema de várias outras leis de imigração atualmente sendo consideradas em pelo menos 22 outros estados ao redor dos Estados Unidos, não é incomum ver certos ataques ocorrendo diariamente em diferentes regiões do país, em que latinos são capturados, detidos e presos ou deportados (Fernandes, 2007)[2] – uma prática que, como Jacqueline Hagan *et al.* (2010) documentaram, também afeta significativamente a vida de suas famílias, cônjuges e crianças, independentemente de cidadania americana.

Há muito tempo que os EUA fornecem ao mundo um ideal de uma sociedade democrática e justa. Contudo, hoje, distorções das práticas históricas e da cultura democrática tradicional dos EUA estão em ascensão. No meio acadêmico, talvez o exemplo mais notório dessas distorções possa ser visto no último livro do professor de Harvard Samuel Huntington, *Quem somos nós: desafios à identidade nacional americana*, de 2005. Huntington enfatizou que "Nesta nova era (...) o desafio mais imediato e mais grave para a identidade tradicional americana vem da imensa e contínua imigração da América Latina, especialmente do México. "Estes novos imigrantes", argumentou ele, "não são como os primeiros imigrantes. Muitos têm pouco interesse na assimilação." Huntington segue sugerindo que a presença de latinos, e a de mexicanos em particular, impacta – e muda – negativamente os Estados Unidos.[3]

Ao mesmo tempo que se propagandeavam distorções desse tipo baseadas em aspectos raciais, por outro lado estas foram sendo cada vez mais vistas como antipatrióticas.[4] Conforme também observaram Rodríguez e Gonzáles:

> Durante a administração Clinton, o presidente tinha críticos veementes, mas ninguém nunca questionou o direito deles de falar. Ninguém disse para eles que sua discordância ou seus pedidos de

> *impeachment* constituíam traição, e ninguém sugeriu que fossem permanentemente exilados.

Juntos, os exemplos acima servem para sugerir quão radicalmente o clima nacional mudou nos Estados Unidos ao final da primeira década do século XXI, mesmo enquanto se mantém fundamentado nas ideologias históricas de racialização e nas práticas de discriminação dos Estados Unidos.

Sob essas condições, é importante perguntar: o que significa dizer que aproximadamente 46 milhões de latinos – pelo menos 59,8% dos quais, segundo Fry e Hakimzadeh (2006), são cidadãos americanos[5] – são aqueles que fizeram, ou fazem, mudanças significativas na sociedade? Quem está de fato mudando o quê? O que, por exemplo, realmente significa na vida cotidiana de latinos hoje, e sob as condições que descrevi acima, pertencer à sociedade dos EUA? Dados o medo e a desconfiança que se propagam entre cidadãos e residentes, assim como as mentiras e as distorções em algumas mídias e culturas americanas hoje, é possível para as pessoas – sejam latinos ou outros – pertencerem a qualquer coisa parecida com uma comunidade nacional nos EUA atualmente? Em resumo: se definirmos cidadania, conforme Stuart Hall e David Held (1990), como a expressão política do pertencimento nacional, então como latinos e outros grupos articulam suas experiências como cidadãos e como seres humanos com o direito de ter direitos nos Estados Unidos hoje?

É importante reconhecer, em termos inequívocos, que a partir do 11 de setembro de 2001 a *prática* efetiva do racismo na vida cotidiana mudou nos Estados Unidos. O racismo adquiriu novamente aceitação *oficial* generalizada, continuada por meio, por exemplo, do 287g, um pequeno estatuto do *Illegal Immigrant Reform and Immigrant Responsibility Act of 1996* (Ato de Reforma dos Imigrantes Ilegais e de Responsabilidade Imigrante de 1996), que dá à polícia funções de fiscalização de imigração sem precedentes. Um relatório publicado pela ACLU e pelo Rights Working Group (RWG) observou, em junho de 2009, que "A discriminação racial permanece um problema generalizado e predominante nos EUA, impactando a vida de milhões de pessoas nas comunidades de afro-americanos, asiáticos, latinos, asiáticos do sul, árabes e muçulmanos" (ACLU, 2009). Além disso, apesar do consenso nacional sobre a sua condenação, como resultado imediato dos ataques do 11 de setembro, a discriminação racial também adquiriu aceitação renovada de vários setores do país, inclusive de membros da comunidade latina e de outros grupos de minorias raciais (Egan, 2001).

Em resposta, então, à pergunta "Quem está na verdade mudando o quê?", seria possível argumentar que as ações do tipo de racialização que alguns escolheram seguir, e o discurso e a justificativa implícitos por trás delas, também servem para tornar visível a posição difícil dos latinos como cidadãos e residentes americanos em relação a questões de identidade e raça nos Estados Unidos. Também define um contexto mais amplo para se discutir etnia, pertencimento e cidadania neste mundo pós-11 de setembro, novo e imprevisível. De fato, em 2009, o relatório das Nações Unidas do *rapporteur* especial sobre "Formas contemporâneas de racismo, discriminação racial, xenofobia e intolerância correlata nos Estados Unidos" concluiu que "a profundidade histórica, cultural e humana do racismo ainda permeia todas as dimensões da vida da sociedade americana", sugerindo fortemente que, apesar da vitória do presidente Obama, o racismo nos EUA não pode ser relegado a um passado distante, em que eram comuns a segregação legal, a intolerância aberta e o linchamento.[6] Em outras palavras, ainda hoje, precisamos levar a sério a ideia de que sempre houve uma discrepância gritante entre as leis promulgadas pelo Estado e a experiência vivida pelas pessoas de cor nos EUA – e hoje, em particular, isso inclui as experiências dos imigrantes. Assim, enquanto a cidadania pode ser comumente interpretada como um estado legal, ela é, acima de tudo, uma realidade política e uma experiência vivida, fundamentada profundamente no sentimento de pertença.

É nesse contexto, então, que este artigo tem como objetivo identificar "quem está na verdade mudando o quê" na sociedade americana. O meu intuito é discutir algumas das maneiras pelas quais, em grande parte como resultado do reconhecimento pelos latinos do seu direito a ter direitos, e independentemente de sua situação legal, os latinos são forçados a adotar uma postura dissidente que se fundamenta paradoxalmente em valores e tradições democráticos significativos e próprios dos Estados Unidos. Ao fazer isso, eles contribuem com o próprio direito deles, para a defesa dos valores de longa data dos Estados Unidos e simultaneamente o desafio das ideologias raciais e as mudanças de significados de cidadania e pertencimento no contexto dos EUA.

Em última análise, como sugiro neste ensaio, o modo como imigrantes latinos entendem a cidadania e as práticas culturais deles mesmos, imigrantes latinos, é resultado direto da negociação de suas experiências vividas com as leis do Estado. Ao focar a discussão neste sentido, não quero de modo algum minimizar a importância da situação legalizada. Ao contrário, este trabalho fundamenta-se em um esforço para compreender as mudanças nas formas em que se vê a dissidência nos Estados Unidos hoje. Afinal, a democracia americana emergiu e expandiu-se na e através da dissidência e do consequente ajuste mútuo de costumes e expectativas entre os cidadãos. Desta perspectiva, a dissidência não é nova nem um desvio ameaçador. Ao contrário, é um barômetro da saúde do corpo político.

Cidadania e direitos latinos nos EUA

Na qualidade de uma situação legalizada, a cidadania é comumente entendida como a relação entre um indivíduo e o Estado, e serve para definir a sua participação política na sociedade. No decorrer do século XX, o foco nos EUA esteve nas garantias legais dos direitos políticos e civis dos indivíduos. Mas começando particularmente no período pós-Segunda Guerra Mundial, como resultado das lutas de diversas minorias raciais por inclusão – das quais a mais conhecida e talvez mais bem-sucedida seja a dos movimentos de direitos civis afro-americanos –, houve uma expansão significativa de direitos políticos e, particularmente, sociais para setores que eram anteriormente excluídos de uma cidadania plena: pessoas de cor, mulheres, gays e lésbicas, deficientes etc. Enquanto diferentes grupos travavam diferentes lutas, muitas das mudanças, sem dúvida, beneficiaram toda a sociedade. Em conjunto, conforme argumenta Linda Bosniak (2000a, 2000b), a extensão desses direitos passou a representar, de modo geral, uma mudança e uma expansão da experiência prática e do significado de cidadania nos EUA.

Em retrospectiva, por meio dessas mudanças podemos ver também com que dimensão, antes da era dos direitos civis, diversos setores, particularmente minorias raciais e étnicas, foram excluídos de participação plena e igual no governo. Então, diferentemente da forma pela qual grande parte da sociedade convencional dos EUA vivenciou a cidadania ao longo da história americana, como resultado das mobilizações de 1960 e do início de 1970, as minorias raciais em particular tornaram-se bastante conscientes de que a cidadania é – e envolve –, na realidade, o que o cientista político William Flores (2003: 295) definiu como "um processo ativo de reivindicação de direitos, ao invés da aquisição passiva de um conjunto de direitos arbitrários e limitados."

Com relação aos latinos, é importante ter em mente que, como um grupo, as duas populações mais antigas de descendentes latino-americanos nos EUA – americanos mexicanos (ou chicanos) e porto-riquenhos – não são imigrantes, mas sim povos respectivamente conquistados e colonizados. Como tais, do mesmo modo que afro-americanos e americanos nativos, eles também são minorias históricas nos Estados Unidos. Durante a década de 1960, os respectivos movimentos por direitos civis de chicanos e porto-riquenhos enfatizaram sua presença histórica e as múltiplas contribuições de suas respectivas comunidades à sociedade dos EUA. Ao fazer isso, eles responderam a um longo legado de exclusão política e cultural, fundamentado na raça, assim como à sua invisibilidade contínua na esfera pública e à percepção deles como "eternos estrangeiros" no imaginário cívico americano (Rocco, 2006; Johnson, 1998; Oboler, 1995). Embora os movimentos chicano e porto-riquenho não sejam tão conhecidos quanto os movimentos afro-americanos, é importante sublinhar o fato de que os movimentos dessas duas minorias históricas latinas também contribuíram para a exposição dos limites raciais das definições legais de cidadania nos Estados Unidos (Acuña, 2010). Além disso, o foco contínuo na situação legal dos indivíduos hoje continua escondendo o significado das realidades de raça, classe, posição social, sexo e orientação sexual na vida das pessoas, particularmente em termos de determinar *como* eles vivenciam a participação na comunidade nacional dos EUA.

Assim, enquanto a aproximação da cidadania a uma experiência vivida é importante porque a cidadania é a expressão política da pertença nacional, é também importante porque nos força a olhar para a implicação prática vivida, e muito real, do fato de que as lutas das minorias raciais por inclusão, como documentou Dorothy Schneider, serviram, em última instância, para estender a cidadania política, legal e social para os cidadãos *e* para os residentes legais na sociedade dos EUA (veja, por exemplo, Gilbertson, 2006). Em realidade, como apontou a historiadora Dorothy Schneider, no início da década de 1990 "havia pouco além do direito ao voto distinguindo detentores de passaportes americanos daqueles que tinham *green cards*" (2001: 66-67).

A resposta do Estado

Empurrada por sentimentos nativistas, a resposta do Estado nesse contexto foi talvez inevitável e veio de maneiras variadas – particularmente após 1996. Especialmente a partir desse ano, o Estado visivelmente procura, conforme demonstra Schneider (2001), retardar o declínio do valor da cidadania, principalmente usando a legislação para reconstituir a distinção entre cidadãos e não cidadãos, assim como enfatizando e redefinindo o conceito de "ilegalidade".[7]

Em realidade, desde meados da década de 1990, esforços para aumentar o valor do direito de estar nos EUA andaram lado a lado com mudanças nas percepções convencionais sobre pertencimento e, consequentemente, sobre o lugar dos imigrantes na sociedade. A respeito disso, a acadêmica da área jurídica Linda Bosniak aponta para diversas medidas "concebidas para tornar a cidadania nacional mais difícil de obter, socialmente mais significativa ou ambos". As controversas medidas estaduais e federais aprovadas na década de 1990, por exemplo, incluem a Proposição 187,

> um plebiscito aprovado por eleitores da Califórnia em 1994, que buscava negar assistência médica, educação e outros serviços públicos para imigrantes irregulares e exigir que prestadores de serviços sociais denunciassem às autoridades da lei qualquer usuário do serviço suspeito de estar em situação irregular (Bosniak, 2000b: 296; Bosniak, 2000a).

De fato, desde meados da década de 1990, esforços para aumentar o valor do direito de estar na sociedade dos EUA também significaram mudanças nas leis de imigração. Significativamente, muito da legislação aprovada durante a era Clinton (1992-2000), nos níveis federal e estadual, serviu como ponto de partida para as políticas e práticas anti-imigrantistas implementadas de maneira crescente na era pós-11 de setembro. Conforme observou a socióloga Greta Gilbertson (2006), o *Illegal Immigration Reform and Immigrant Responsibility Act of 1996* (Ato de Reforma da Imigração Ilegal e de Responsabilidade Imigrante de 1996) extirpou os imigrantes dos seus direitos legais (inclusive o direito a um processo legal); o *Anti-Terrorism and Effective Death Penalty Act* (Ato Antiterrorismo e de Pena de Morte Efetiva), também de 1996, foi aprovado como resultado dos atentados em Oklahoma em 1995, que não foram de maneira alguma relacionados a imigrantes. Não obstante, esse ato criminalizou imigrantes, fazendo com que mais crimes, variando desde pequenos furtos a delitos graves, levassem à deportação. Também incluiu uma cláusula permitindo a deportação retroativa dos Estados Unidos de quaisquer não cidadãos – tanto residentes legais quanto trabalhadores sem documento – que já tivessem infringido a lei, independentemente da gravidade do crime ou de quando ocorreu. Esse ato permitiu que as autoridades da imigração "rapidamente deportassem imigrantes ilegais que aparecessem em aeroportos e na fronteira". A mudança, como observou a jornalista Mirta Ojito, do *New York Times*, em 1998, "desencadeou uma grande onda de deportações".[8]

Além disso, diferentemente do passado, qualquer imigrante pego tentando entrar no país após ser formalmente deportado pode e será processado e condenado à prisão. Como documentou Erik Camayd Freixas (2009), hoje encarceram milhares de latinos irregulares por meio de batidas constantes em locais de trabalho pelo país ou os demitem sumariamente de empregos que eles ocuparam possivelmente por mais de uma década.[9] Em resumo, a longa distinção que havia nos Estados Unidos entre as leis de imigração e as leis penais tem sido amplamente apagada. Tanto é assim que até mesmo as próprias exigências do currículo da legislação penal nas faculdades de direito dos Estados Unidos foram alteradas. Como observou um professor de legislação penal latina do Texas, "ultimamente (...) o que professores e profissionais de direito criminal descobrem igualmente é que a lei de imigração – incluindo as práticas de detenção e deportação, assim como acusação por nova tentativa de entrada e por fraude de documentos – emergiu como um capítulo-chave que faltava na legislação penal americana" (Guerra-Thompson, 2007). Como resultado, encontra-se uma nova área de estudos, a que Juliet Stumpf, entre outros, refere-se como estudos de crimigração (*crimmigration studies*), nos currículos de justiça criminal das faculdades de direito americanas.

Os problemas em torno da imigração, que incluem as batidas dramáticas e inumanas às fábricas, as detenções matinais de surpresa na casa de imigrantes, as prisões, detenções e subsequentes deportações de membros de uma família e a consequente separação repentina destas são hoje pessoalmente familiares para a grande maioria dos latinos nos Estados Unidos. O corolário disso é o número crescente de latinos que são hoje detidos e encarcerados em prisões de gestão privada nos Estados Unidos, quando não são deportados do país sem qualquer processo justo, sem nenhuma preocupação com os direitos humanos e certamente sem qualquer compaixão (Oboler, 2009).

Independentemente da situação do imigrante, o encarceramento crescente de latinos deve-se, em grande parte, às infrações procedentes das tentativas dos imigrantes de entrar no país uma segunda vez, após a primeira deportação. Dados recentes do Departamento de Justiça dos EUA sugerem que "na primeira metade de 2011, a acusação de imigração por reentrada ilegal representava 25% de todos os processos de crimes federais", representando quase 35 mil encarceramentos em 2010 ("The Crime Report", 2011). Além disso, como enfatizou Michele Alexander (2011) no *The New York Times*, em maio de 2011, "na falta do que Martin Luther King chamou de 'uma paz positiva que é a presença da justiça'", hoje, "na reforma presidiária, o dinheiro prevalece sobre os direitos civis". Apontando para o "sistema do tipo de castas" que emergiu desde a revolução Reagan de 1980, Alexander também observa que, naquele momento, ninguém anteviu "os milhões que seriam extirpados de direitos humanos e civis básicos supostamente ganhos no movimento pelos direitos civis – o direito ao voto, de servir em jurados e de ser livre da discriminação no emprego, na habitação, na educação e nos benefícios públicos".

Encarceramento nos Estados Unidos: a disponibilidade de um povo invisível

Estas são algumas das questões que têm me levado a pensar cada vez mais sobre a nossa humanidade, e sobre a nossa habilidade de desumanizar o outro. Há alguns anos, visitei uma prisão no norte de Nova York. Nessa visita, contaram-me a respeito de um jovem latino encarcerado que estava preso por um crime que ele não havia cometido. Esse jovem latino descreveu a sua experiência encarcerado da seguinte maneira: "A pior coisa sobre estar preso não é nem a perda da minha liberdade. É saber que estou vivendo no esquecimento..."

Estas palavras ressoam altamente com o dilema dos prisioneiros por todo o sistema penal dos Estados Unidos hoje – seja nas cadeias locais, nas prisões estatais e federais, nos centros de detenção de imigrantes, nos sistemas de alta segurança, nos prédios de encarceramento privados, na prisão militar em Guantánamo… O uso do encarceramento como um método de abordar a presença de latinos – independentemente de cidadania –, assim como de outras minorias e populações pobres dos Estados Unidos, é uma questão muito séria e ainda negligenciada na sociedade (Oboler, 2009). Além da política do discurso anti-imigração público/político e dos baixos salários criados para todos os trabalhadores com a introdução da noção de ilegalidade (De Genova, 2006), existe hoje – como argumentou o acadêmico da área jurídica Juan Cartagena (2009) – um esforço na sociedade dos EUA, à custa direta dos latinos, para encontrar maneiras de criar empregos e um senso mínimo de segurança para o número crescente de pequenas comunidades pelo país que estão no momento "hospedando" – e lutando entre si para hospedar – prisões federais e estaduais e também privadas. Essas comunidades estão geralmente em regiões que, nos últimos 20 anos, tiveram suas fontes anteriores de sustento e bem-estar econômico esgotadas. Ao escrever em 2008, a jornalista do *The New York Times* Fernanda Santos, por exemplo, observou:

> A indústria de correção é um grande negócio no Condado Franklin [no norte do estado de Nova York], que tem cinco prisões estaduais e uma prisão federal em seus 4.346 quilômetros quadrados escassamente povoados. (...) A dependência se estende bem além de empregos. As pequenas empresas apostaram sua sobrevivência nos trabalhadores das prisões que compram em suas lojas. Enquanto isso, governos locais e instituições de caridade tornaram-se dependentes das equipes de trabalho dos prisioneiros dos campos para limpar a neve de hidrantes, manter parques e trilhas para caminhadas, cortar o gramado em cemitérios e descarregar caminhões que abastecem despensas de comida.

Santos conclui afirmando que as "prisões também são uma ferramenta política valiosa porque se contam os detentos como residentes locais, permitindo que as comunidades recebam mais ajuda estadual e federal para serviços de emergência".

Não surpreendentemente, a respeitada Pew Hispanic Foundation (2008) publicou seus resultados documentando que "mais de 1 em 100 adultos está preso agora nos Estados Unidos". Além disso, um documento informativo da comissão do Senado dos EUA corroborou e abertamente explicou esta estatística afirmando: "O crescimento na população presidiária se deve às mudanças na política e não ao aumento de crimes" (Webb, 2007).

É nesse contexto que a advertência escrita pelo renomado poeta Robert Frost, em 1917, adquire importância ressoante: "Antes de construir uma parede, eu perguntaria, para saber, o que eu estaria emparedando dentro ou emparedando fora." Minimamente, suas palavras levantam de modo pungente a questão: o que de fato "empareda-se dentro" por meio dessas prisões? Quais passados históricos, por exemplo, quais histórias de vida, quais justificativas e razões fundamentais, quais violações e abusos, quais formas de enfraquecer o direito de latinos a ter direitos, quais os métodos secretos de quebrar o espírito humano? E, semelhantemente, qual parte do papel da sociedade americana em assegurar justiça, igualdade, respeito e dignidade humana para todos – qual parte de sua própria humanidade – "empareda-se fora"?

As palavras de Frost têm uma relevância particular para o tratamento de latinos nos EUA do século XXI, pois, enquanto afro-americanos continuam sendo encarcerados em geral em números mais elevados do que os latinos, um estudo da Pew Hispanic Foundation confirmou, em fevereiro de 2009, que latinos são hoje o grupo minoritário que cresce mais rapidamente no sistema penitenciário dos EUA. Como observa o acadêmico da área jurídica Jose Luis Morin (2009), no final de 2004, latinos representavam 19,2% da população total nas jurisdições estaduais e federais dos EUA, embora fossem somente 14% da população americana naquele período.

Claramente, conforme observa Morin (2009), há uma série de pontos comuns na forma como o sistema de justiça criminal e esta sociedade como um todo tratam latinos e afro-americanos – que incluem, por exemplo, a velocidade e a duração das penas que eles recebem em relação às dos brancos,[10] a discriminação racial, a perseguição policial, o descaso vergonhoso das escolas nos centros menos privilegiados, a falta de acesso a uma assistência médica decente, os empregos com baixos salários, os altos índices de pobreza... Mas, apesar das semelhanças "compartilhadas" e do encarceramento em massa, há também, é claro, diferenças significativas entre latinos e afro-americanos. Com relação a afro-americanos, há a questão da negritude, com tudo o que isso implica na história dos Estados Unidos; em termos de latinos, o mais notável talvez seja o fato de que, como afirma Morin, eles estão "sujeitos aos mitos que ligam a criminalidade à situação de ser imigrante".

Assim, embora existam várias tendências importantes, inclusive no sistema de justiça criminal e nas instituições educacionais e de mídia da sociedade, que expliquem o encarceramento crescente de latinos, a especificidade do preconceito racial e da discriminação contra latinos nos EUA tem a característica singular de ser firmemente fundamentada na insistência de que eles são todos imigrantes, na percepção racializada persistente do estrangeirismo de todos os latinos (Rocco, 2006) e, consequentemente, na exclusão – e invisibilidade – deles da história e do governo dos Estados Unidos (Oboler 1995).[11] O resultado é que as contribuições muito reais dos latinos à sociedade e ao país permanecem desconhecidas, assim perpetuando percepções da sociedade dos latinos como eternos infratores e criminosos, em vez de vê-los como membros contribuintes e cidadãos de sua sociedade (Chavez, 2008; Mendoza, 2006; Acuña, 2010; Rios, 2011; Oboler 2006).

É nesse contexto, exacerbado hoje pela crise econômica atual, que é possível ver a percepção generalizada e infundada da ameaça que latinos supostamente representam à vida e à sociedade americanas – uma percepção curiosamente separada da política econômica da nação – como meio de reforçar diariamente a racialização e a demonização implacáveis de imigrantes – de novo, especificamente de imigrantes latino-americanos e de mexicanos em particular. O resultado é que a percepção prevalecente sobre latinos como sendo inerentemente estrangeiros à própria imagem de "ser um americano" está agora profundamente arraigada na imaginação,[12] com consequências negativas não só para latinos e suas crianças, mas para todos os americanos que, portanto, temem por sua segurança quando veem latinos em suas ruas e pequenas cidades.

Ultimamente, homogeneizar os imigrantes latinos nestes termos serve, na realidade, somente para estigmatizá-los e separá-los ainda mais da população em geral, independentemente da situação da cidadania. Isso, em contrapartida, permitiu o desenvolvimento de leis e políticas ostensivamente destinadas a "nos" proteger "deles", por meio de legislações como a SB 1070 de Arizona ou a HB 56 de Alabama, que servem em última instância para transformar latinos em pessoas descartáveis, indignas de se beneficiar de valores democráticos e morais que se presumem subjacentes à ênfase histórica no justo e na justiça para todos da sociedade.

A resposta latina: a luta contra o racismo é a luta pelo pertencimento

Em resposta à dependência do Estado na situação legalizada e na legislação, latinos estão se organizando, mobilizando e protestando – coletivamente, individualmente e tanto dentro quanto fora de cadeias e de centros de detenção. E eles estão encontrando maneiras de desafiar o sistema – através do registro eleitoral, por exemplo (Cartagena, 2009) – e de ajudar pessoas, por meio de programas de orientação dentro e fora de prisões, entre outros.

Através desses processos, e às vezes apoiados por canais oficiais em suas terras natais (Gilbertson, 2006), imigrantes latinos estão redefinindo seu sentimento de pertença muito em termos de direitos sociais. Isso inclui, por exemplo, conforme argumentaram diversos acadêmicos (Escobar, 2006; Spiro, 2003; Castañeda, 2006), abraçar a noção de dupla nacionalidade. De fato, a dupla nacionalidade tornou-se uma importante questão entre latinos precisamente porque, como argumentou Greta Gilbertson em seu estudo do caso dominicano, "você não perde os seus direitos" ou a sua identidade em nenhum dos países.[13]

No entanto, eles expressam a sua dissidência sobretudo na esfera pública, onde buscam redefinir o próprio significado de pertencimento muito em termos de direitos sociais e humanos – mesmo enquanto eles simultaneamente reforçam o significado das leis da nação. Em sua pesquisa entre salvadorenhos, por exemplo, Susan Bibler Coutin descobriu que cidadania implica "presença territorial e participação social" – e isso inclui "trabalhar, pagar impostos, obedecer à lei". Estas são as bases para reivindicação da cidadania e que, no estudo de Coutin, informantes ativistas salvadorenhos definiram como "cidadania substantiva".

Certamente, o que pesa entre latinos é a *forma* pela qual um latino está presente na sociedade dos EUA – por exemplo, como uma pessoa ativa, que trabalha, paga impostos, cumpre as leis, independentemente da questão da cidadania. De fato, como documentaram diversos acadêmicos, isso é o que melhor explica a verdadeira dimensão da resposta latina aos efeitos de criminalização da lei de Sensenbrenner de 2005, HR 4377, que originalmente estimulou marchas e demonstrações maciças de imigrantes em 2006 (Voss e Bloemraad, 2011; Pallares e Flores-Gonzalez, 2010). Afinal de contas, como apontam Aarti Shahani e Judith Greene (2009), por uma perspectiva legal, "residir nos EUA sem documentação adequada é uma violação civil de imigração, mas não é um crime".

Como a maioria dos cartazes e das faixas durante as marchas de 2006-2007 mostraram, a perspectiva de imigrantes latinos sobre participação e pertencimento é hoje claramente definida por meio de sua participação social na força de trabalho, contribuindo com a sociedade e pagando impostos – em vez, por exemplo, da ênfase do governo americano no tempo de permanência de um imigrante nos Estados Unidos. Contudo, essa percepção é mantida há muito por imigrantes latinos nos EUA, como explicou um ativista salvadorenho sobre o motivo pelo qual ele parou "de negar que ele estava nos Estados Unidos". Ele afirmou em 2003: "Eu percebi, a sua *pátria* é aquela que dá a você comida, que dá a você trabalho. Eu percebi que nós tínhamos que parar de pagar impostos aqui e viver em outro lugar emocionalmente. Nós tínhamos que aceitar que os Estados Unidos eram o nosso governo" (Coutin, 2003: 153; cf. também Sayad).[14] Esse entendimento de longa data da relação de latinos com o governo americano é importante porque a própria noção de pertencimento,[15] por meio da participação na força de trabalho, do pagamento de impostos e da boa conduta como cidadão, tem sido historicamente a chave para o panorama político e sociocultural americano. Como argumentou Nancy MacLean, citando

Sklaar, estas são também condições-chave para entender os termos da pertença: de fato, nos Estados Unidos, a representação política através do voto e os ganhos por meio do trabalho são "os dois pilares que constituem tacitamente o pertencimento" (MacLean, 2006: 6).

Claramente, imigrantes, independentemente de sua situação legal, não podem votar. Mas em anos recentes – particularmente através de demonstrações como as marchas de 2006 e 2007 contra a criminalização de imigrantes – latinos, independentemente da situação, têm realçado seu pertencimento na esfera pública dos EUA, enfatizando em faixas e cartazes o trabalho duro e o pagamento contínuo de impostos. Em outras palavras, como os milhões de cidadãos americanos que, durante a campanha e a eleição de 2008 de Obama, usaram a sua presença nas urnas para marcar seu pertencimento através de sua participação na esfera pública, latinos, tanto cidadãos como imigrantes, usaram suas marchas para fazer seu pertencimento visível – para si próprios e para os outros (Betancur, 2011). A sua reivindicação de pertença também focou em sua participação ativa – embora não necessariamente nas urnas, mas, em vez disso, no mercado de trabalho dos EUA. Em vez do voto, sua reivindicação, em outras palavras, está arraigada nos lucros, o segundo pilar observado por McLean como uma marca do pertencimento. As muitas faixas declarando "nós somos trabalhadores, não criminosos" durante as marchas de 2006 podem ser lidas como uma reiteração do que McLean (2006: 6) definiu como o "alicerce da cultura americana" – este é o sonho americano, baseado na ética do trabalho e no mito do sucesso – que estrutura as esperanças e as expectativas das pessoas em sua vida cotidiana, assim como a sua experiência vivida e o pertencimento, que são, novamente, a substância da cidadania na sociedade dos EUA.

Em outras palavras, imigrantes latinos não questionam se eles pertencem ou não aos Estados Unidos. Este não é o problema para eles. Eles *sabem* que pertencem, pois trabalham e contribuem para a sociedade em que vivem. Em vez disso, o problema é a questão enfatizada pelo Estado: a situação legal deles. Na ênfase deles sobre o pertencimento, e através de sua ética de trabalho e das maneiras indiretas de aderir às práticas legais dos EUA – tal como, por exemplo, pagando coletivamente

11,2 bilhões de dólares em impostos em 2010 apesar da "ilegalidade" deles, como documentou Ruiz (2011) –, imigrantes estão redefinindo e expandindo o próprio significado de cidadania para além da discussão sobre a situação legal. Ao contrário da ênfase do Estado, latinos, independentemente da legalidade, fundamentam sua suposição nos direitos humanos – no conhecimento de que todos têm "o direito de ter direitos", para usar a frase de Hannah Arendt (1979); e, como tal, o foco deles é mais na experiência vivida, nas condições sob as quais indivíduos pertencem a uma comunidade e na relação entre direitos humanos e direitos civis. Desse modo, por meio da expressão da dissidência deles diante do enfraquecimento de costumes e valores tradicionais dos EUA, suas ações também contribuem para reformular o debate sobre o significado e o valor social da cidadania americana hoje.

Considerações finais

A dissidência hoje, particularmente no contexto racializado contínuo dos EUA, toma necessariamente muitas formas. No mundo pós-11 de setembro em que se vive agora nos Estados Unidos, em conjunto com as formas mais tradicionais, latinos também tiveram que necessariamente desenvolver uma estratégia diferente para marcar o seu pertencimento e, no processo, forneceram substância para a afirmação tanto da sua cidadania quanto da redefinição dela. Como tal, crescentemente, a sua dissidência, como argumentei aqui, tomou a forma de uma afirmação das tradições e crenças básicas da democracia americana – uma afirmação do valor de nossa humanidade comum. Além disso, baseia-se na rejeição de ideologias tradicionais de raça, que continuam permeando a vida cotidiana da sociedade dos EUA. Em lugar algum isso é mais claro do que na dissidência expressada pelos latinos como resposta ao ataque aos direitos humanos e civis nos Estados Unidos. Enquanto esses ataques continuam afetando profundamente todos os latinos, inclusive imigrantes de 2011, os irregulares, em particular, são hoje forçados a suportar o preconceito racial, a discriminação, os encarceramentos, as humilhações, as detenções, as deportações e as separações familiares diariamente. Contudo, apesar da perseguição constante – e, mais importante, apesar do fato de alguns serem estrangeiros –, latinos continuam insistindo – tanto pelas suas ações diárias no trabalho como por meio de sua participação política – em reconhecer e afirmar aquelas tradições e aqueles valores dos EUA que, ironicamente, são cada vez mais impactados pelos crescentes ataques aos direitos democráticos por parte do Estado, desde a década de 1980 e, particularmente, no século XXI – independentemente de quem ocupa a Presidência. Esses ataques ocorrem hoje em nome de uma doutrina de segurança nacional divisionista, exagerada e frequentemente equivocada. Em resposta aos esforços dessa doutrina para substituir os mecanismos experimentados e verdadeiros da responsabilidade política, que até o momento foram a linha histórica de continuidade da democracia estável da nação, a presença de imigrantes latinos, assim como a suas práticas dissidentes, servem para exemplificar ainda mais o significado de cidadania substantiva nos Estados Unidos.

Notas

1 A SB 1070 aumenta os poderes de aplicação das leis, exige que empregadores verifiquem a situação de imigração de seus empregados e penaliza pessoas que transportam ou abrigam imigrantes sem documentos. Cf. Llorente (2011) e Hing (2011); para um exame mais amplo do processo pelo qual o racismo se tornou a lei da nação, cf. Johnson (2010: 1.005-1.077).

2 Em 2007, um artigo do *Washington Post* revelou que se exigia que a equipe especial para terroristas fugitivos da ICE do estado de Maryland cumprisse uma cota mensal: "No dia 23 de janeiro de 2007 agentes da *U.S. Immigration and Customs Enforcement* (Fiscalização de Imigração e Aduaneira – ICE) prenderam 24 homens latinos nas proximidades de um 7-Eleven em Baltimore, Maryland. A agência disse que os agentes procuravam deter homens em um grupo inicial que se aproximou deles e que, quando perguntados, admitiram estar ilegalmente no país. Este recorte mostra a prisão de Ernesto Guillen – um dos oito homens, que parecem não ter tido nenhum contato visível com os agentes antes de serem detidos." Cf. Aizenman (2009: A01); as cotas da ICE contribuem para explicar o aumento no número de imigrantes latinos deti-

dos em batidas, independentemente do fato de que não são fugitivos ou uma "ameaça" à "segurança nacional". Cf. Chavez (2008) para uma discussão das percepções da "ameaça latina". Para uma discussão útil sobre racismo desde o 11 de setembro, cf. Lee (2004); para uma discussão sobre a extensão com que se continuaram as políticas do presidente Bush durante a administração Obama, cf. Sanchez, 2009.

3 Ao ser publicado, o livro de Samuel Huntington foi refutado e criticado vigorosamente, particularmente, mas não somente, por estudiosos latinos; no entanto, em locais mais populares, o seu destaque como um acadêmico de Harvard e as suas ligações com o governo americano facilmente anularam aquelas avaliações. Como escreveu Erik Kaufmann no seu obituário de Huntington de 2009, embora "Samuel Huntington tenha morrido um pária entre a elite intelectual americana", não obstante, suas ideias "ressoaram com muitas pessoas... Ele era normal" e, portanto, conclui Kauffmann, "ele tem um lugar garantido no panteão de pensadores modernos com 'grandes ideias', ao lado de seu aluno Francis Fukuyama" (Kaufmann, 2009: 155).

4 Em um discurso para os veteranos da legião americana, em 30 de agosto de 2006, o então secretário da Defesa Donald Rumsfeld sugeriu que aqueles que discordam das políticas de administração na guerra contra terroristas islâmicos são comparáveis àqueles que apaziguaram o fascismo na década de 1930 (Gonzáles e Rodriguez, 2002). Para informação dos ataques mais recentes sobre a dissidência durante a administração Obama, cf. Goodman, 2011.

5 Este número não inclui os 3,9 milhões de cidadãos que vivem na ilha de Porto Rico; 11% adicionais de latinos são residentes legais nos EUA.

6 Como argumentaram Michael Omi e Howard Winant (1994), independentemente da existência - ou não - das leis do Estado, desde o início dos EUA como uma nação e ainda hoje, não podemos discutir cidadania, os seus significados, o seu valor social no contexto dos EUA sem falar sobre o racismo e o histórico de discriminação contra pessoas não brancas no país - as consequências do furacão Katrina, como descrevem Troutt *et al.*, é um excelente exemplo disso.

7 Como demonstram Mae Ngai (2006) e Nick de Genova (2005), foi o Estado, na realidade, que há muito construiu o conceito de ilegalidade nos EUA.

8 Ojito (1998) segue explicando que, como resultado dessa legislação, "autoridades da imigração, e não juízes, determinam quem será deportado e, portanto, impedido de entrar nos Estados Unidos por pelo menos cinco anos. É possível tomar esta decisão em questão de horas e sem um advogado representando o imigrante".

9 Por exemplo, a empresa de vestuário American Apparel foi forçada a demitir 1.800 pessoas em Los Angeles, em setembro de 2009, a maioria mexicana e alguns que trabalhavam lá havia mais de uma década. Estes e outros

esforços para combater a imigração mostraram-se ineficazes. Já em 2006, o renomado acadêmico de imigração Wayne Cornelius documentara que "o controle reforçado das fronteiras desde 1993 não parou nem mesmo desencorajou a entrada de imigrantes não autorizados nos Estados Unidos. Mesmo quando presa, a vasta maioria (92-97%) continua tentando até conseguir. Nem a probabilidade mais alta de ser apreendido pela *border patrol* (patrulha da fronteira) nem o perigo de entrada clandestina pelos desertos e terrenos montanhosos que aumentou acentuadamente desencorajou a saída de casa de imigrantes potenciais".

10 A questão da condenação também é crítica a respeito disso. O *Sentencing Project* (Projeto de Penas) documentou que brancos são presos tanto quanto latinos e afro-americanos; mas eles também mostraram que, uma vez presos, brancos não necessariamente cumprem pena na prisão, como demonstrou tão claramente o caso Jena 6 em Louisiana. Na verdade, afro-americanos são encarcerados em média quase seis vezes (5,6) mais que os brancos; hispânicos são encarcerados quase o dobro (1,8) das vezes que os brancos. E, normalmente, as penas para brancos são muito mais brandas e mais curtas que as penas para afro-americanos e latinos (cf. Mauer e King, 2007).

11 Embora todos os latinos dos EUA sejam vistos como estrangeiros ou como estrangeiros em potencial, como documentaram Richard Fry e Jeff Passell em 2009, entre os 16 milhões de crianças latinas, 52% são da segunda geração e 37% são da terceira ou de gerações mais antigas; somente 11% são da primeira geração.

12 As repercussões dessas percepções da sociedade funcionam nos dois sentidos. Em 2002, somente 53% de latinos usaram o termo "americano" para se descrever, em comparação a 88% que preferem se identificar pelo país em que eles ou seus pais ou antepassados nasceram, por exemplo, como um "mexicano" ou "cubano". A propósito, a porcentagem que usa "latino" ou "hispânico" é um pouco menor (81%) do que a preferência pela origem nacional (Pew Hispanic Center; Kaiser Family Foundation, 2002).

13 Cidadãos da Colômbia e do México, por exemplo, como mostraram Cristina Escobar (2006) e Alejandra Castañeda (2006), podem realmente viver nos Estados Unidos e se candidatar ao Congresso na sua terra de origem – e vencer. Em resumo, imigrantes de alguns países da América Latina podem hoje salvaguardar os seus direitos nos Estados Unidos à pensão e aos benefícios, mas, diferentemente do passado, eles podem simultaneamente reafirmar a identidade nacional original e a terra de origem como suas.

14 Como um assistente jurídico salvadorenho comentou com Coutin: "Por que alguém precisa estar aqui por sete anos para provar que está estabelecido? (...) Alguém poderia estar aqui há duas semanas e já ter se estabelecido, se a

pessoa veio para se juntar a parentes." Da mesma forma, observa Coutin, "a ausência territorial e a falta de participação social diariamente podem trazer a sensação de 'não pertencimento', (...) apesar da conexão política" (Coutin, 2003: 154-155).

15 Para discussões excelentes das questões de pertencimento, cf. Hedetoft e Hjort, 2002; Croucher, 2004 e Castles e Davidson, 2000.

Referências bibliográficas

Arent, Hannah. *The Age of Totalitarianism*. Nova York: Harcourt Brace Jovanovich, 1979 (1951).

Aclu. The Persistence Of Racial And Ethnic Profiling In The United States: A Follow-Up Report to the U.N. Committee On The Elimination of Racial Discrimination. Disponível em http://www.aclu.org/files/pdfs/humanrights/cerd_finalreport.pdf. Acesso em 03/06/2011.

Acuña, Rodolfo. *Occupied America: A History of Chicanos*. Nova York: Prentice Hall, 1981.

Aizemnman, N.C. Conflicting Accounts Of An ICE Raid In Md. Officers Portray Detention Of 24 Latinos Differently In Internal Probe And In Court. In: *The Washington Post*, 18/02/2009: A01. Disponível em http://www.washingtonpost.com/wp-dyn/content/article/2009/02/17/AR2009021703451_2.html?sid=ST2009021703780&sub=AR. Acesso em 26/02/2012.

Alexander, Michele. Prison Reform, Money Trumps Civil Rights. In: *The New York Times*, 14/05/2011. Disponível em http://www.nytimes.com/2011/05/15/opinion/15alexander.html?_r=2&hp&pagewanted=all. Acesso em 14/05/2011.

Brzezinski, Zbigniew. Terrorized by "War on Terror": How a Three-Word Mantra Has Undermined America. Disponível em http://www.washingtonpost.com/wpdyn/content/article/2007/03/23/AR2007032301613.html. Acesso em 25/03/2007.

Betancur, John J.; Garcia, Maricela. The 2006–2007 Immigration Mobilizations And Community Capacity: The Experience Of Chicago. In: *Latino Studies 9*, 21/04/2011: 10-37.

Bosniak, Linda. Citizenship Denationalized. In: *Indiana Journal of Global Legal Studies 7*, 2000a: 447-508.

_____. Universal Citizenship and The Problem Of Alienage. In: *Northwestern University Law Review 94*, 2000b: 963-982.

CARTAGENA, Juan. Lost Votes, Lost Bodies, Lost Jobs: The Effects of Mass Incarceration on Latino Civic Engagement. In: OBOLER, Suzanne (ed.). *Behind Bars: Latino/as in Prison*. Nova York: Palgrave Press, 2009.

CASTAÑEDA, Alejandra. Roads to Citizenship: Mexican Migrants in the United States. In: OBOLER, Suzanne (ed.). *Latinos and Citizenship: The Dilemma of Belonging*. Nova York: Palgrave Press, 2006.

CASTLES, Stephen; DAVIDSON, Alastair. *Citizenship and Migration: Globalization and the Politics of Belonging*. Nova York: Routledge, 2000.

CHAVEZ, Leo. *The Latino Threat: Constructing Immigrants, Citizens, and the Nation*. Stanford: Stanford University Press, 2008.

CORNELIUS, Wayne A. Impacts of Border Enforcement on Unauthorized Mexican Migration to the United States. Disponível em http://borderbattles.ssrc.org/Cornelius/. Acesso em 26/09/2006.

COUTIN, Susan Bibler. *Legalizing Moves: Salvadoran Immigrants' Struggle for U.S. Residency*. Ann Arbor: University of Michigan Press, 2003.

CROUCHER, Sheila L. *Globalization and Belonging: The Politics of Identity in a Changing World*. Lanham, MD: Rowman and Littlefield, 2004.

DEGENOVA, Nick. The Legal Production of Mexican/Migrant "Illegality". In: OBOLER, Suzanne (ed.). *Latinos and Citizenship: The Dilemma of Belonging*. Nova York: Palgrave Press, 2006: 61-90.

EAGAN, Margery. War on Terrorism; 'Profiled' Not Ashamed of Profiling Arabs. In: *The Boston Herald*, 25/09/2001: 14.

ESCOBAR, Cristina. Dual Citizenship and Political Participation: Migrants in the Interplay of United States and Colombian Politics. In: OBOLER, Suzanne (ed.). *Latinos and Citizenship: The Dilemma of Belonging*. Nova York: Palgrave Press, 2006.

FERNANDES, Deepa. *Targeted: Homeland Security and the Business of Immigration*. Nova York: Seven Stories Press, 2007.

FLORES, William V. New Citizens, New Rights. Undocumented Immigrants and Latino Cultural Citizenship. In: *Latin American Perspectives*, 30(2), março de 2003: 295-308.

FROST, Robert. Mending Wall. In: _____. *North of Boston*. Londres: David Nutt, 1914.

FRY, Richard; HAKIMZADEH, Shirin. A Statistical Portrait of Hispanics at Mid-Decade. In: *Pew Hispanic Center*, 29/08/2006. Disponível em http://pewhispanic.org/reports/middecade/

GUERRA-THOMPSON, Sandra. Immigration and the Law. In: *Noticias*, 5(1), Center For Mexican American Studies, University of Houston, outono de 2007.

GILBERTSON, Greta. Regulating Transnational Citizens in the Post-1996 Welfare Reform Era: Dominican Immigrants in New York City. In: OBOLER, Suzanne (ed.). *Latinos and Citizenship: The Dilemma of Belonging*. Nova York: Palgrave Press, 2006.

GONZÁLES, Patrisia; RODRIGUEZ, Roberto. Censoring our way to freedom. In: *Column of the Americas*, 03/05/2002.

GOODMAN, Amy. FBI to Expand Domestic Surveillance Powers As Details Emerge of Its Spy Campaign Targeting Activists. Disponível em http://www.alternet.org/newsandviews/article/614821/fbi_to_expand_domestic_surveillance_powers_as_details_emerge_of_its_spy_campaign_targeting_activists. Acesso em 14/06/2011.

HAGAN, Jacqueline; CASTRO, Brianna; RODRIGUEZ, Nestor. The Effects of U.S. Deportation Policies on Immigrant Families and Communities: Cross-Border Perspectives. In: *North Carolina Law Review*, v. 88, 2009-2010: 1799-1824.

HALL, Stuart; HELD, David. Citizens and Citizenship. In: HALL, Stuart; JACQUES, Martin (ed.). *New Times: The Changing Face of Politics in the 1990s*. Nova York: Verso, 1990: 173-190.

HEDETOFT, Ulf; HJORT, Mette (ed.). *The Postnational Self: Belonging and Identity*. Minneapolis: University of Minnesota Press, 2002.

HING, Julianne. Alabama Gov Signs One of the Nation's Harshest Anti-Immigrant Laws. Disponível em http://colorlines.com/archives/2011/06/alabama_immigration.html. Acesso em 09/06/2011.

HUNTINGTON, Samuel. *Who Are We: The Challenges to America's National Identity*. Nova York: Simon and Schuster, 2004.

JOHNSON, Kevin R. How Racial Profiling in America Became the Law of the Land: "United States v. Brignoni-Ponce" and "Whren v. United States" and the Need for Truly Rebellious Lawyering. In: *Georgetown Law Journal*, 98(4), abril de 2010: 1005-1077.

_____. 1998. Citizens as Foreigners. In: DELGADO, Richard; STEFANCIC, Jean (ed.). *The Latino Condition: A Critical Reader*. Nova York: New York University Press, 1998: 198-201.

JUSTICE STRATEGIES. Local Democracy on Ice: Why State and Local Governments have no Business in Federal Immigration Law Enorcement. Disponível em www.justicestrategies.org/sites/default/files/JS-Democracy-On-Ice.pdf. Acesso em fevereiro de 2009.

KAUFMANN, Erik. The Meaning of Huntington. In: *Prospect*, fevereiro de 2009. Disponível em http://www.prospect-magazine.co.uk/article_details.php?id=10578.

KNIGHTLY, Phillip. *The First Casualty: From the Crimea to Vietnam: The War Correspondent As Hero, Propagandist, and Myth Maker*. Nova York: Harcourt, 1976.

LEE, Chisun. Civil Rights Rollback: The spread of racial profiling since 9-11. In: *The Village Voice*, 03/08/2004. Disponível em http://www.villagevoice.com/issues/0431/lee.php. Acesso em junho de 2005.

LLORENTE, Elizabeth. Georgia Governor Signs Strictest Immigration Law in Nation. Disponível em http://latino.foxnews.com/latino/politics/2011/05/13/georgia-gov-nathan-deal-expected-sign-arizona-style-law-noon-strictest--nation/#ixzz1MWKoa3Tw. Acesso em 16/05/2011.

MAUER, Marc; KING, Ryan S. Uneven Justice: State Rates of Incarceration By Race and Ethnicity. Disponível em http://www.sentencingproject.org/PublicationDetails.aspx?PublicationID=59. Acesso em julho de 2007.

MCLEAN, Nancy. *Freedom Is Not Enough: The Opening of the American Workplace*. Nova York: Harvard University Press; Russell Sage Foundation, 2006.

MENDOZA, Louis (ed.). *raúlrsalinas and the Jail Machine: My Weapon is My Pen, Selected Prison Writings (1963-1974)*. Austin: UT Press, 2006.

MORÍN, Jose Luis. Latinos/as and U.S. Prisons: Trends and Challenges. In: OBOLER, Suzanne (ed.). *Behind Bars, Latino/as and Prisons in the United States*. Nova York: Palgrave Press, 2009.

NGAI, Mae M. *Impossible Subjects: Illegal Aliens and the Making of Modern America*. Princeton: Princeton University Press, 2005.

OBOLER, Suzanne. *Ethnic Labels, Latino Lives: Identity and the Politics of (Re) Presentation in the United States*. Minneapolis: University of Minnesota Press, 1995.

_____. (ed.). *Latinos and Citizenship: The Dilemma of Belonging*. Nova York: Palgrave Press, 2006.

_____. (ed.). *Behind Bars. Latinos and Prisons*. Nova York: Palgrave Press, 2009.

OJITO, Mirta. Change in Laws Sets Off Big Wave of Deportations. In: *The New York Times*, 15/12/1998.

OMI, Michael; WINANT, Howard. *Racial Formations in the United States: From the 1960s to the 1990s*. Nova York: Routledge, 1994.

PASSEL, Jeffrey S.; FRY, Richard. Latino Children: A Majority Are U.S.-Born Offspring of Immigrants. Pew Hispanic Center, 28/05/2009.

PALLARES, Amalia; FLORES-GONZÁLEZ, Nilda. *Marcha: Latino Chicago and the Immigrant Rights Movement*. Chicago: University of Illinois Press, 2010.

PEW HISPANIC CENTER; KAISER FAMILY FOUNDATION. National Survey Of Latinos. Disponível em http://pewhispanic.org/reports/report.php?ReportID=15. Acesso em 17/12/2002.

PEW FOUNDATION CENTER ON THE STATES. *One in 100: Behind Bars in America*, 2008.

REYES, Paul. 2011. A State Without Mexicans? Disponível em http://motherjones.com/politics/2011/09/hb-56-alabama-immigration-law. Acesso em 26/02/2012.

RIOS, Victor. *Punished: Policing the Lives of Black and Latino Boys*. Nova York: New York University Press, 2011.

ROCCO, Raymond. Transforming Citizenship: Membership, Strategies of Containment, and the Public Sphere in Latino Communities. In: OBOLER, Suzanne (ed.). *Latinos and Citizenship: The Dilemma of Belonging*. Nova York: Palgrave Press, 2006.

RUIZ, Albor. Undocumented Immigrants Paid $11.2 Billion in Taxes. Disponível em http://lawprofessors.typepad.com/immigration/2011/04/undocumented-immigrants-paid-112-billion-in-taxes.html. Acesso em 21/04/2011.

RUSHING, Keith. Alabama's HB56 Shows Racism Still Part of State Culture. Disponível em http://www.huffingtonpost.com/keith-rushing/alabamas-immigration-law_b_992801.htm. Acesso em 09/10/2011.

SANCHEZ, Julian. Obama Is Keeping Bush's Worst "War on Terror" Policies Firmly In Place. In: *The Nation*, 24/10/2009. Disponível em http://www.alternet.org/story/143400/obama_is_keeping_bush%27s_worst_%22war_on_terror%22_policies_firmly_in_place.

SANTOS, Fernanda. Plan to Shut Prisons Stirs Worry in Towns that Depend on Them. In: *The New York Times*. Nova York, 27/01/2008: 22.

SAYAD, Abdelmalek. *The Suffering of the Immigrant*. Londres: Polity Press, 2004.

SCHNEIDER, Dorothee. Naturalization and United States: Citizenship in Two Periods of Mass Migration: 1894–1930, 1965–2000. In: *Journal of American Ethnic History 20*, 2001: 50-82.

ARTI, Shahani; GREENE, Judithe. Local Democracy on Ice: Why State and Local Governments have no Business in Federal Immigration Law Enforcement. Disponível em http://www.justicestrategies.org/2009/local-democracy-ice-why-state-and-local-governments-have-no-business-federal-immigration-law-en. Acesso em 02/2009.

SPIRO, Peter. Political Rights and Dual Citizenship. In: MARTIN, David A.; HAILBRONNER, Kay (ed.). *Rights and Duties of Dual Nationals*. Londres: Kluwer Law International, 2003: 135-152.

STUMPF, Juliet P. 2006. The Crimmigration Crisis: Immigrants, Crime, & Sovereign Power. Berkeley Electronic Press, Legal Series. Disponível em http://law.bepress.com/expresso/eps/1635. Acesso em 26/02/2012.

THE CRIME REPORT. Illegal Reentry the Top Federal Charge So Far This Year. Disponível em http://www.thecrimereport.org/news/inside-criminal--justice/2011-06-illegal-re-entry-the-top-federal-charge-under-obama. Acesso em 22/06/2011.

TROUTT, David Dante. *After the Storm: Black Intellectuals Explore the Meaning of Hurricane Katrina*. Nova York: The New Press, 2007.

VOSS, Kim; BLOEMRAAD, Irene (ed.). *Rallying for Immigrant Rights: The Fight for Inclusion in 21st Century America*. Berkeley: University of California Press, 2011.

WEBB, Jim. Facts About the Prison System in the United States. Briefing statement in preparation for the Joint Economic Committee hearing to explore the steep increase in the U.S. prison population. Disponível em http://webb.senate.gov/pdf/prisonfactsheet4.html. Acesso em 04/10/2007.

WESSLER, Seth. Bills Modeled After Arizona's SB 1070 Spread Through States. Disponível em http://colorlines.com/archives/2011/03/sb_1070_copycat_bills.html. Acesso em 02/03/2011.

Estado e povos indígenas no Brasil

Antonio Carlos de Souza Lima

ALGUMAS INFORMAÇÕES GERAIS DEVEM ANTECEDER QUALQUER apresentação acerca da situação indígena brasileira, pois que entre o peso da questão indígena no imaginário nacional, as realidades indígenas e os estereótipos vão muitas diferenças. Em primeiro lugar, é importante dizer que o perfil da população indígena habitante do Brasil é, em termos demográficos, totalmente diferente daquele de populações indígenas que habitam na Bolívia, no Peru ou no México, por exemplo. Segundo dados oficiais do Instituto Brasileiro de Geografia e Estatística (IBGE), de 2000, os povos indígenas no Brasil totalizavam em torno de 734.127 indivíduos indígenas, o equivalente a cerca de 0,4% da população total brasileira.[1]

Essa minoria numérica encompassa, porém, uma riqueza ímpar no planeta: são em torno de 230 povos, falando 180 línguas – fora aqueles que falam apenas o português, tendo perdido sua língua de origem em função da violência assimilacionista do processo de colonização –, constituindo-se no maior leque da diversidade humana contido num país. Distribuem-se por entre 677 terras indígenas, cujo direito lhes é reconhecido constitucionalmente, que se situam em quase todos os estados da federação brasileira, numa área total de cerca de 111.523.636 hectares (1.115.236 km^2).[2] Na região da Amazônia Legal, segundo estimativas do Instituto Socioambiental em geral coincidentes com outras fontes, habitam em torno de 60% dos indígenas do Brasil, sendo que destes algo por volta de 15% estão em cidades, bem como vemos a urbanização de numerosas aldeias indígenas de largas dimensões. Nessa região do Brasil também se concentram, em termos numéricos, as "organizações indígenas".

Destarte, as terras indígenas compreendem em torno de 13,1% de todas as terras brasileiras (que perfazem 851.196.500 hectares, ou seja, 8.511.965 km^2), sendo das mais ricas em recursos naturais (biodiversidade e recursos minerais) e das raras áreas preservadas num país cada vez mais devastado pelo extrativismo selvagem, pelas queimadas de florestas para transformá-las em carvão, pasto ao gado, plantação de soja para agronegócio, ou exploração mineral. Na prática, muitas delas estão invadidas e os povos indígenas nelas encerrados não têm contado com políticas governamentais que deem suporte à sua exploração em moldes sustentáveis.[3]

Nos últimos 40 anos diversas foram as mudanças nas relações entre o Estado brasileiro e os povos indígenas habitantes do território do país. De uma política desenvolvimentista marcada por um assimilacionismo desenfreado chegamos à demarcação na condição de terras indígenas de extensas partes do território brasileiro, a partir dos anos 1990. De "grupos" integralmente submetidos ao Estado brasileiro na condição de legalmente *tutelados* – isto é, apenas parcialmente responsáveis por seus atos e necessitados, para efeitos da estrutura jurídico-administrativa brasileira, da mediação e da condução de um tutor, equiparados assim, em termos de direito civil, aos brasileiros não indígenas menores de 18 e maiores de 16 anos –, passaram, por efeito da Constituição de 1988, a ser reconhecidos como capazes de se representarem juridicamente por meio de suas *organizações*, e tiveram seu estatuto de *povos* reconhecido por força da ratificação pelo governo brasileiro da Convenção 169 da Organização Internacional do Trabalho, ratificada pelo Congresso Nacional em junho de 2002.

São agora *povos* que contam com demandas por *sustentabilidade* e *desenvolvimento*, por *projetos* e *parceiros* (dentre estes organizações de intervenção indigenista – as ditas ONGs indigenistas, hoje altamente profissionalizadas e exercendo funções de governo –, agências de cooperação técnica governamentais e não-governamentais bi ou multilaterais, dentre as quais redes ambientalistas conservacionistas e seus parceiros nacionais). No meio dos movimentos indígenas e suas organizações evidencia-se, assim, a incorporação do léxico (neo)desenvolvimentista como modo de expressar necessidades amplas e interesses multifacetados num cenário de tentativas externas de mudança social induzida e internas de transformações aceleradas, com grandes decalagens entre as gerações indígenas. O *protagonismo indígena* é a moeda corrente do momento. Como efeito mais geral, tem-se a singular despolitização da ação de representantes indígenas e sua tecnificação, tão ao gosto do *mundo do desenvolvimento*.[4]

De outro lado, vimos nos últimos tempos o inverso desse processo. Em primeiro lugar, certos setores governamentais têm divulgado a ideia de que já se tem o "problema" fundiário indígena equacionado, com enormes porções de terras demarcadas, o que é superficial e falso diante da realidade escruciante do Brasil como um todo: essa afirmação só é relativamente válida para certas porções da região amazônica, pois mesmo nela estão pendentes situações mais espinhosas em que agências de Estado se enfrentam com sobreposições de áreas destinadas a funções distintas. Se isso é assim para a Amazônia, onde praticamente todo o trabalho demarcatório foi realizado com recursos da cooperação técnica internacional para o desenvolvimento, em regiões do país onde esta (focada no meio ambiente) não atuou os problemas e a violência em torno da terra têm se tornado a cada dia mais intensos. Exemplos disso são o Mato Grosso do Sul, com as investidas do agronegócio em torno da soja e da produção de cana para o etanol; o Nordeste, área tradicional de pressão fundiária intensa sob a investida do turismo, da construção de portos, como o que atinge os anacé no Ceará, e numerosos outros pontos do litoral brasileiro, sem falar na região Sul do país. De forma mais geral, situações difíceis, como a dos tapeba, também no Ceará, dos guarani mbyá, do Sul do Brasil (com sua órbita de circulação cruzando fronteiras nacionais do ainda muito parcamente regulamentado Mercosul), estão longe de ver um horizonte de resolução tranquilo.

Em segundo lugar, vemos com frequência surgirem verdadeiras campanhas acirradas na mídia, tais como a que "denunciava" a prática do infanticídio entre povos indígenas no Brasil, dando suporte a projetos de lei espúrios. Melhor exemplo, porém, não poderia ser senão a construção de um "debate nacional" em torno do julgamento no Supremo Tribunal Federal da constitucionalidade da demarcação em área contínua da terra indígena Raposa Serra do Sol, no estado de Roraima, na fronteira com a Guiana e a Venezuela. Tal tentativa, largamente produzida pelas elites locais, de reverter a demarcação de uma terra indígena numa região de fronteira aliou segmentos militares (que alegam que terras indígenas em regiões fronteiriças são ameaças à soberania do país), atores políticos de esquerda e de direita (imbuídos de perspectivas desenvolvimentistas as mais canhestras e próximas daquelas do regime ditatorial dos anos 1960-1980), num cenário legislativo pouquíssimo propício ao debate da questão indígena. A vitória da manutenção da área contínua e a determinação de retirada dos pouquíssimos ocupantes não indígenas que restavam na terra, finalmente obtida em 19 de março de 2009, teve um sabor amargo: a definição da terra indígena Raposa Serra do Sol veio acompanhada de 19 condicionantes que, generalizando-se, tolhem a autonomia dos povos indígenas em suas terras e podem pôr em risco numerosas situações fundiárias indefinidas e, até certo ponto, restituem condições tutelares supostamente ultrapassadas, visando ser um óbice à expansão e à revisão das terras por eles tradicionalmente ocupadas, um velho desejo de um conjunto amplo de políticos, operadores do direito e outros atores.

No cenário legislativo democrático atual (2011) são defendidos os mais variados argumentos contra os povos indígenas, somando-se a eles desde representantes do agronegócio e das empresas de mineração até o vice-presidente, ministros de Estado e outros funcionários de alto escalão do presente governo. Todos esses elementos demonstram a fragilidade das visões positivas sobre os povos indígenas na sociedade brasileira contemporânea, *vis-à-vis* a ideologias desenvolvimentistas sempre redivivas.

Nessas quatro décadas cruzam-se, portanto, fios que podem nos conduzir ao entendimento da complexidade da questão indígena no Brasil contemporâneo, desanimadora à primeira vista, no plano governamental, em face de períodos como o dos anos 1990 e início dos anos 2000, em aparência tão promissores de mudanças e novas perspectivas, mas que todavia deixaram pouco ou nada institucionalizado. Recuperar um pouco da história das relações entre os povos indígenas e o Estado nacional brasileiro pode ajudar a perceber, ainda que superficialmente, o regime de preconceitos que torna possível ataques tão frontais como os que têm sido desferidos no cenário presente, perguntas e perplexidades do grande público que demonstram a ampla ignorância do brasileiro médio, seja das grandes cidades, seja do interior, acerca dos modos de vida indígenas no país.

De novidade mesmo a se destacar, ainda que sendo necessário, para melhor situá-lo, entender alguns de seus principais dilemas, registre-se o associativismo indígena, que não se iniciou com a Constituição de 1988, mas teve desde então um estímulo considerável. O movimento indígena e suas inúmeras formas de expressão institucional, sobretudo no modelo não autóctone das chamadas *organizações indígenas* (O.I.s), têm feito a diferença essencial desde os anos 1970-1980. As O.I.s têm amplitudes de ação muito distintas – desde as que representam aldeias de corte étnico (representando um povo) até as de âmbito regional, passando por grandes redes de organizações, como a Coordenação das Organizações Indígenas da Amazônia Brasileira (COIAB), a Articulação dos Povos Indígenas do Nordeste, Minas Gerais e Espírito Santo (APOINME), a Articulação dos Povos Indígenas do Sul (ARPINSUL), Articulação dos Povos Indígenas do Pantanal e Região Centro-Oeste (ARPIPAN), ou a tentativa de reuni-las na Articulação dos Povos Indígenas do Brasil (APIB). Em padrões distintos de tentativas anteriores, podemos citar a criação da União das Nações Indígenas (UNI), em 1980, que na prática se desarticularia no imediato pós-Constituinte.[5] As funções das organizações indígenas eram inicialmente voltadas para a defesa de direitos e para a ação política, tecnificando-se ao longo dos anos 1990, sendo direcionadas à operação de projetos e planos não explicitados de transformação mais abrangente.

Ainda estão por ser sopesados adequadamente os ganhos e perdas desses processos, que não só aportaram muitos novos conhecimentos, mas também implicaram a assunção de responsabilidades para as quais essas organizações de distintos matizes e naturezas, âmbitos e especializações, não estavam preparadas nem vêm sendo adequadamente subsidiadas na aquisição de capacidades variadas. O próprio movimento indígena tem sido crítico da descontinuidade imposta pelo formato *projeto*, que determina uma espécie de contrato entre um financiador e uma organização, onde são previstos conjuntos de ações a serem executadas com certas finalidades, valores e tempos precisos de execução, sendo muitas vezes o processo de formalização de um projeto uma penosa – e extremamente criativa – negociação entre facções e gerações de um ou mais povos.[6]

De qualquer forma, aí está a ponta do *iceberg* das questões relativas à sustentabilidade dos povos indígenas, da superação do assistencialismo clientelista tutelar ainda em vigência nas ações de numerosos segmentos administrativos governamentais e não governamentais no país. Por outro lado, é importantíssimo ressalvar como as O.I.s têm sido proativas na busca de alianças, seja com a cooperação técnica internacional para o desenvolvimento (sem a qual, cabe destacar, muitas coisas não teriam acontecido nem estariam acontecendo), seja entre as ONGs indigenistas, grupos de pesquisa em universidades, setores da administração pública etc.

O mais importante, porém, está no que o texto constitucional tem significado no plano de outra ideia de Estado, como suporte para a imaginação social, onde o reconhecimento dos direitos dos indígenas tem um papel de destaque. O texto constitucional tem se caracterizado, junto com a Convenção 169/OIT, como horizonte de construção de outras práticas administrativas e, consequentemente, de respeito a esses povos como agentes de sua história, na construção de espaços políticos à sua necessária participação. Esses elementos foram essenciais à quebra da visão unitarista que defendia a necessidade da tutela, supondo-a como essencialmente protetora, propondo novos horizontes a pedaços ponderáveis do que chamei de arquivo colonial.

Como a Constituição estabeleceu o Ministério Público Federal como instância de defesa dos povos indígenas contra o Estado, a efetiva atribuição de capacidade processual civil pelo texto constitucional de 1988 às comunidades indígenas e suas "organizações" (no que para muitos foi o "fim" da tutela) significou, como já foi dito, a proliferação, sobretudo na Amazônia, de organizações locais – associações, federações etc. – e supralocais, congregando um grupo indígena específico, ou articulando diversos grupos da mesma região, com funções de representação política e jurídica. Muitas dessas O.I.s têm hoje vínculos e projeção internacionais, integrando um panorama heterogêneo e mal conhecido.

A já mencionada COIAB, o Conselho Indígena de Roraima (CIR), a Federação das Organizações Indígenas do Rio Negro (FOIRN) e a APOINME são quatro redes de organizações de âmbitos regionais muito distintos. Todas são fruto de modelos e parâmetros não indígenas de organização e associação, e na prática diferem das formas políticas localmente implementadas, próprias a cada povo. No entanto, essas organizações têm funções e formas de ação muito diferentes dos modelos verticalizados e "sindicalistas" de associativismo que o senso comum brasileiro tem em mente, e têm percorrido um árduo caminho para construir novas possibilidades de interlocução. A elas junta-se a participação indígena em legislativos (municipais, sobretudo) ao longo do país, e também em executivos municipais: os vereadores e prefeitos indígenas já são hoje uma realidade bem mais frequente que no final dos anos 1990.

Assim, a quebra do monopólio da ação tutelar do Estado sobre os povos indígenas, até o início dos anos 1990 exercido pela Funai, deu-se em grande medida pela organização dos povos indígenas, o principal motor das transformações que vêm efetivamente ganhando solidez e esperança de mudanças substanciais. Mas houve também um conjunto de alterações na administração pública que deve ser considerado. Com os decretos presidenciais de nº 23, 24, 25 e 26, de 4/02/91 (portanto, da gestão de Fernando Collor de Mello), as tarefas relativas a saúde, educação, desenvolvimento rural e meio ambiente, exercidas com enorme precariedade – salvo exceções pontuais – pela Funai, foram atribuídas aos ministérios da Saúde (MS), da Educação (MEC), do Desenvolvimento Agrário (MDA) e do Meio Ambiente (MMA). Em especial as consequências da Conferência das Nações Unidas para o Meio Ambiente e o Desenvolvimento (CNUMAD-92), realizada no Rio de Janeiro, conjuntura na qual o movimento indígena teve intensa atuação e em que se negociaram grandes projetos como Projeto Piloto para a Proteção das Florestas Tropicais do Brasil (PPG-7 – www.mma.gov.br/ppg7) e lançaram-se as bases de discussão de seu subcomponente indígena, o Projeto Integrado de Proteção às Populações e Terras Indígenas da Amazônia Legal (PPTAL).[7]

É verdade que tais políticas, alicerçadas na presença da *cooperação técnica internacional para o desenvolvimento* (em especial a alemã, pela presença essencial da Agência de Cooperação Técnica Alemã – GTZ, hoje GIZ) no aparelho de Estado brasileiro e entre as próprias organizações indígenas, restringiram-se em especial à Amazônia e atenderam à ambientalização dos conflitos e políticas sociais. Isso significou um abandono relativo de áreas de grandes conflitos e enorme pressão fundiária, como o Mato Grosso do Sul ou o Nordeste. Mas as alterações trazidas pela implementação dessas novas políticas acabaram por gerar, juntamente com as demandas das organizações indígenas, o imperativo da participação indígena em diferentes instâncias e em outras políticas.[8] É importante não esquecer que a maioria das revisões constitucionais realizadas em países da América Latina foram seguidas por pesados programas de reajuste estrutural idealizados a partir de instituições financeiras multilaterais presididas pela visão neoliberal do funcionamento do aparelho de Estado e suas formas de intervenção. Na verdade, uma coisa e outra não correram, jamais, separadas.

Assim, foi durante as gestões de Fernando Henrique Cardoso na Presidência do país (1994-1998) que essas ações "extra-Funai" adquiriram contornos próximos à organicidade de políticas. Cada uma delas tem, no entanto, trajetórias muito distintas e impactou de modo muito diferenciado os povos indígenas ao longo do país. Em geral, tais políticas chegaram ao mesmo povo de maneiras dissonantes e conflitantes, gerando aquilo que muitos defensores da Funai chamam de "divisão" dos índios, um "acirramento de faccionalismos", confundindo os efeitos de sua má implementação com os contornos de um novo modelo. Para outros ainda, em geral defensores de ações indigenistas de matiz tutelar, a diversidade de culturas, histórias e padrões sociais (muitas vezes, em casos de proximidade física, as rivalidades e os preconceitos sedimentados no tempo) inviabilizaria a construção de organizações pan-indígenas ou mesmo de âmbito regional mais amplo, o que tornaria inevitável a mediação não indígena.

Os governos Fernando Henrique Cardoso deram mostras de procurar seguir as coordenadas constitucionais, e de um ensaio de reconhecimento dos direitos culturais coletivos dos povos indígenas quanto a diferentes aspectos de sua vida social, bem como de sua capacidade civil plena. O que poderia ter se transformado nas bases de um planejamento de Estado etnicamente informado e de uma execução regionalizada sob o duplo controle dos povos indígenas e de dispositivos federais ficou muito aquém do possível, sem ganhar institucionalidade e, como lamentavelmente temos visto, sendo de fácil reversão. É importante frisar que, sob o jogo democrático, as pressões anti-indígenas nunca deixaram, nesse período todo, de ser intensas.

Mesmo o fato altamente positivo de que, ao longo do período FHC, algumas O.I.s e as muitas ONGs indigenistas de mediadores adquiriram progressivamente maior participação em ações de implementação de políticas foi uma via de mão dupla: passaram a ser executoras de políticas de governo, muito mais do que exercer o papel de crítica, de proposição de políticas e correções ao seu exercício. Antes que participar politicamente, transformaram-se em responsáveis técnicas por processos burocráticos de ações de Estado. Mais importante ainda, houve pouca ou nenhuma preparação dos quadros indígenas que assumiram posições de participação em tais atividades, deixando-os, mais uma vez, em parte, à mercê de uma cadeia de mediadores governamentais e não governamentais. Essa progressiva mudança foi perpassada, porém, por numerosos conflitos. Todavia, é importante ressaltar quanto aprendizado muitas O.I.s obtiveram ao longo desse período: se não se atingiram patamares ideais de organização e transmissão de conhecimentos pelos agentes de governo aos integrantes de O.I.s, e a presença de ONGs foi fato essencial, os povos indígenas não deixaram de colher importantes frutos nos mais variados planos, em especial o da lenta libertação das formas tutelares de poder de Estado. O que se engendrou em séculos de colonização e quase um século de ação de um Estado republicano não poderia ser revertido, seja por indígenas ou não indígenas, da noite para o dia.

Em quase uma década de governos FHC o mundo do indigenismo viu-se, pois, em aparência e momentaneamente modificado. Novos atores, novas linhas de força e novas configurações de poder, "novos cenários" regionais viram-se reforçados (sobretudo os amazônicos) ou enfatizados. As antigas redes de poder emanadas do órgão indigenista foram confrontadas com as dificuldades de reprodução colocadas pela parcial reforma da administração pública (ou do "Estado", como foi chamada inadequadamente), que impediu concursos, propôs novas morfologias organizacionais e fez entrar em cena outras redes regionais e internacionais.

João Pacheco de Oliveira (2008) já apontou que a explosão em número das O.I.s durante os anos 1990 marcou uma virada significativa nos caminhos trilhados, a partir daí, com relação às décadas anteriores. Da marca própria ao debate em torno da construção de uma pauta sobre direitos humanos e da criação de um movimento indígena no plano internacional passou-se, como vimos, à progressiva ambientalização desse debate como vetor prioritário da globalização de ativismos, a postura crítica cedendo lugar progressivamente a debates "técnicos".

Refletindo sobre o fenômeno e a atuação das organizações indígenas, Bruce Albert (2000) menciona o que seria a mudança do que chama de *etnicidade política* para uma *etnicidade de resultados* como característica dessa fase de proliferação de organizações. As O.I.s teriam seguido a mudança mais geral de ênfase da interpelação crítica do Estado na luta por direitos territoriais, passando para um diálogo pulverizado com uma pletora de atores nacionais e globais pertencentes às agências de fomento e cooperação, governamentais ou não. Tais agências passaram a doar recursos para os povos indígenas mediante a forma contratual dos projetos. Albert usou a expressão *mercado dos projetos* para designar uma peça essencial das "novas políticas descentralizadas de desenvolvimento". Se percebemos o conjunto de possibilidades surgidas nos últimos anos e um certo redirecionamento das ações governamentais, a expressão *mercado de projetos*, que "pegou" no mundo do (etno)desenvolvimento e do indigenismo, com aderentes e detratores, merece ser menos jornalística e mais analiticamente repensada, talvez para de fato adquirir a dimensão de uma noção explicativa ou mesmo a de um conceito e não meramente uma forma de denunciar a fragmentação das ações do governo. Para aqueles que perscrutaram os exercícios tutelares é sempre motivo de cautela pensar em como criar instâncias de interlocução onde se "centralizem" – sem que uma agência ou ator monopolize o cenário – os debates e a condução das políticas indigenistas.

Assim, se o advento das organizações indígenas tem sido aprioristicamente tratado como um "avanço" é fundamental não esquecermos que, sem um quadro institucional compatível, esse "avanço" pode significar a subsunção a relações clientelísticas agora não mais com a Funai apenas, ou mediadas por aqueles que Gersem Baniwa (2006) chama de "líderes carismáticos", mas sim com novos segmentos profissionais em direta relação com instâncias executoras de políticas setorizadas (educação, saúde, meio ambiente etc.) e suas organizações, por vezes voltadas muito mais para demandas de seus setores profissionais que para um movimento político onde os direitos diferenciados e a cidadania indígena estejam em jogo.

A importante meta da *participação indígena* mostrou-se apenas relativamente atingida, mas sem sombra de dúvida descortinou-se uma gama de possibilidades e conhecimentos até então nunca vistos. Viu-se confrontada com a ignorância mais geral por parte dos tomadores de decisão governamentais acerca da situação indígena no país. Tal ignorância é fato arraigado pela sistemática ausência de informação sobre os povos indígenas, desde nossos livros escolares até mesmo os cursos de graduação em história e ciências sociais, e pela inexistência de processos de formação de gestores capacitados a conhecê-los e com eles interagir. Rever as variadas tendências que afetaram as novas políticas ensaiadas em face da dimensão estagnada da agência indigenista no período só nos pode levar à conclusão de que os avanços obtidos foram imensos. É, no entanto, importante confrontá-las com o pano de fundo das alterações mais amplas do aparelho administrativo brasileiro.

A entrada do governo de Luis Inácio Lula da Silva trouxe inúmeras expectativas expressas na maciça adesão eleitoral dos indígenas ao presidente eleito em 2002. Mas já no primeiro ano do governo as frustrações eram grandes. Num plano político mais abrangente, o primeiro governo Lula (2003-2006), no entanto, estabeleceu pouca ou nenhuma interlocução efetiva com os povos indígenas e suas organizações, com as suas demandas, expectativas e proposições no tocante a temas como terra, saúde e educação, dentre outros. Um dos principais temas da pauta do movimento indígena foi longamente evitado: a criação de um conselho propositor e deliberativo para as políticas indigenistas, paritário entre Estado e organizações indígenas, com participação da sociedade civil organizada e do Ministério Público Federal. Tal conselho foi concebido e pactuado a partir do seminário Bases para uma Nova Política Indigenista II, ocorrido em dezembro de 2002, nas dependências do Museu Nacional, com a presença de representantes indígenas de todo o país, realizado pela COIAB e pela APOINME, com amplo apoio logístico da GTZ. Nele estiveram presentes os integrantes da Equipe de Transição do governo Lula, responsáveis pela política indigenista – Márcio Meira (atual presidente da Funai), Gilney Vianna e Adriana Mariz.[9]

A ideia de um conselho dessa natureza, sedimentada durante a reunião do Fórum Social Mundial de 2003, foi mostrada aos diversos setores de governo (à própria Fundação Nacional do Índio, ao Ministério da Justiça, à Casa Civil etc.) e insistentemente apresentada por uma ampla articulação de atores indígenas e pró-indígenas, que resultaria na organização do Fórum em Defesa dos Direitos Indígenas, tendo sido barrada por setores específicos em momento de tramitação bastante avançado. A dispersão das políticas indigenistas, saudável pela quebra da tutela, gerou grande estilhaçamento de ações, por total falta de coordenação, quando não por concorrência entre elas. A escolha do antropólogo Mércio Gomes, que ocupou a presidência da Funai de setembro de 2003 a março de 2007, em seguida à demissão de Eduardo

Almeida (fevereiro a agosto de 2003), primeiro presidente da Funai no governo Lula, representou a vitória das alianças interpartidárias contra os compromissos assumidos pelo PT e por Lula ao longo da campanha junto aos povos indígenas. Isso acarretou no retorno de perspectivas pró-tutelares, com direito inclusive a comemorações efusivas de trinta anos do caduco e inconstitucional Estatuto do Índio (Lei 6.001/1973), e na total quebra de diálogo com o movimento indígena.

Do mesmo modo que o compromisso de homologação da demarcação da terra indígena Raposa Serra do Sol só se efetivou em 2005, a demanda pelo conselho só se viu satisfeita em abril de 2010, mas apenas no plano normativo. Sua criação de fato ainda está por acontecer. Foi instalada em 19 de abril de 2007 uma Comissão Nacional de Política Indigenista, após pesadas reivindicações, no bojo das ações do Acampamento Terra Livre - parte das movimentações do chamado Abril Indígena, mês de intensa mobilização dos povos indígenas, instituído há mais de sete anos, em torno da data de celebração do Dia do Índio, 19 de abril.[10]

Em 15 de abril de 2008, o ministro da Justiça à época, Tarso Genro, encaminhou à Presidência da República a proposta de criação do Conselho, tão intensamente demandada ao longo do período após a eleição de Lula, que se transformou no Projeto de Lei nº 3571/08.[11] Contudo, até o presente momento, não há sinais nessa direção. A ideia de um diálogo aberto e respeitoso para com os povos indígenas parece estar longe de orientar práticas de governo as mais comuns, bem como projetos mais ambiciosos.

Diante desse quadro mais amplo que foi se delineando ao longo dos governos Lula e está em plena vigência no de Dilma Rousseff, Meira e seus aliados buscaram redefinir o papel da Funai, consoante a diretriz mais geral dos governos Lula de fortalecimento de áreas específicas da administração pública, suportada pela estabilização financeira que colocou, com grande alarde da imprensa, o Brasil dentre as potências econômicas emergentes. Não à toa a administração de Meira sofreu, em alguns momentos, ataques da imprensa, como se décadas de desmandos e de funcionamento tutelar pudessem ser rapidamente revertidas, como se um concerto entre diferentes políticas pudesse emergir sem instrumentos de intermediação.

Na contramão de direções anteriores que procuraram retirar de uma única agência de Estado a função de monopolizar as ações governamentais junto aos povos indígenas, e assim de fato gerar novo modelo de ação indigenista, em 28 de dezembro de 2009 foi lançado o Decreto n° 7056, que reestruturou a Funai, conferindo-lhe novo estatuto, seguindo a orientação de "fortalecimento da Funai". A suposta principal novidade do novo Estatuto foi a mudança da função da agência, que anteriormente era responsável por exercer a tutela dos índios e passou então a "exercer, em nome da União, a proteção e a promoção dos direitos dos povos indígenas" (Decreto nº 7056, Art. 2° do Estatuto).

Em termos de estrutura organizacional, a antiga Diretoria de Assistência foi substituída por uma Diretoria de Promoção ao Desenvolvimento Sustentável (DPDS) e a antiga Diretoria de Assuntos Fundiários foi denominada Diretoria de Proteção Territorial. Os órgãos descentralizados, antigas Administrações Executivas Regionais (AER), transformaram-se em Coordenações Regionais (CRs), e os Núcleos de Apoio Local (NALs) ligados às AER foram denominados Coordenações Técnicas Locais, ligadas às CRs. Os Postos Indígenas, localizados nas terras indígenas, foram todos extintos. Uma das maiores polêmicas envolvendo esse decreto de reestruturação concentrou-se exatamente na extinção de algumas AERs e NALs e dos Postos. Muitos povos indígenas (e também servidores da Funai) questionaram a extinção de administrações da Funai a que estavam diretamente vinculados por laços complexos e de ponderável profundidade histórica. Um questionamento recorrente foi a falta da consulta livre, prévia e informada aos povos indígenas sobre o processo de reestruturação, em franco descumprimento da Convenção 169 da OIT, segundo o entendimento de muitos.

Outro ponto importante nessa reestruturação foi a criação dos Comitês Regionais, vinculados às Coordenações Regionais, a serem integrados por representantes indígenas e da Funai regional. Está previsto também que ONGs, estados e municípios e outros órgãos da administração pública federal poderão compor tais Comitês Regionais. A ideia é que esses Comitês se tornem as instâncias decisórias da política e das ações que serão implementadas pelas Coordenações Regionais. No entanto, mais de um ano depois da publicação do Decreto de Reestruturação, apenas em 18 de maio de 2011 foi criado em Marabá, por meio de portaria do presidente da Funai, o primeiro Comitê Regional. Em muitas regiões a reestruturação ainda não se concretizou: até hoje há Coordenações Regionais em locais sem estrutura física e sem o aparato burocrático administrativo necessário para funcionar.

Tais perspectivas correm em paralelo aos grandes planos de crescimento econômico do país, com todo o aparato do *desenvolvimento* (sem o qualificativo sustentável) em ação. As metas e os projetos que organizam esse *raid* desenvolvimentista de cunho neonacionalista em sua retórica estão enfeixados em torno do Programa de Aceleração do Crescimento (PAC).[13] Obras como hidrelétricas, estradas, portos e outras intervenções de grande porte, muitas incidindo em terras indígenas, estão sendo justificadas sem qualquer debate ou negociação, sob o signo da oferta de empregos às classes populares e das possibilidades de crescimento que venham a mitigar as grandes desigualdades sociais existentes no país. A Funai vem sendo desconsiderada e aprovações vêm sendo negociadas em esferas supraministeriais, pondo em suspenso toda a retórica da parceria ou as implicações da adesão à Convenção 169 da OIT, que determina a consulta prévia e informada aos povos indígenas nessas e em outras situações. A resistência indígena tem sido grande, e aqui a chance de uma retomada de rumos políticos que se somem à aquisição importantíssima de capacidades técnicas singularmente tem-se feito mais expressiva.

As movimentações já apontadas, como Abril Indígena, sob a coordenação atual da APIB, têm sido os meios mais englobantes de reunião de forças no sentido de dialogar com os segmentos superiores do governo federal.[14] Mas é também aqui que, mais uma vez, (neo)liberais, (neo)nacionalistas e empresários de diversos matizes se unem e, com facilidade, parecem formar opinião, com o suporte da grande mídia:

afinal, como 0,4% dos habitantes do país, esses indígenas "privilegiados" diante de tanta pobreza, podem ter o direito de impedir o progresso que levará à redenção de grandes maiorias numéricas (e ao aumento dos lucros dos que sempre lucraram e continuarão lucrando)? Contudo, essa formulação, facilmente contestável para os especialistas e (raros) conhecedores dos vários aspectos da questão indígena, tem ampla aceitação popular no momento.

O que os últimos 21 anos nos mostram é que, se podemos reconhecer sem dificuldades que o modelo tutelar instituinte do SPI e da Funai, um dos grandes escaninhos do nosso arquivo colonial na entrada do século XX e num regime republicano, encontrou seu fim legalmente com a Constituição de 1988 e seus desdobramentos, não podemos nos orgulhar de ter gerado, desde então, alternativas consistentes no plano de políticas governamentais integradas. Reconhecer o "fim jurídico" da tutela da União não basta: não acabaram de fato as formas tutelares de poder, de moralidades e de interação; ao menos no âmbito da administração pública - em especial no do Legislativo e do Judiciário - os povos indígenas continuam sendo a parte menor na consciência dos políticos e no senso comum brasileiro. Porém, como todo Estado (aí incluídos tanto os aspectos da administração pública estatal quanto o dos legisladores e "tomadores de decisão", que "pensam" a coletividade de uma comunidade política nacional) é contraditório, segmentado e incoerente, os avanços do movimento indígena, sobretudo no tocante à aquisição de capacidades, de experiências de elaboração e gestão de projetos, seja para superação de impasses tópicos, seja aqueles que apontam para um futuro de médio a longo prazo, como a formação de intelectuais e profissionais indígenas que pensem e atuem no movimento, foram muitos e contaram com aliados e iniciativas importantes.

Dois exemplos disso são os Projetos Demonstrativos para os Povos Indígenas (PDPI), desenvolvidos no Ministério do Meio Ambiente, e a ação da Carteira Indígena, programa do Ministério do Desenvolvimento Social (MDS) em parceria com o Ministério do Meio Ambiente, cujas atuações e repercussões mereceriam ser melhor documentadas e refletidas.[15] Podemos ainda arrolar a entrada de uma outra agência, o

Ministério da Cultura (MinC), que trouxe a presença da cultura para a esfera da administração pública de uma maneira até então intocada. Haveria muito a ser dito de positivo e negativo também sobre as ações em educação e saúde, se a proposta aqui fosse fazer uma avaliação. Em todas elas o administrar por projetos a que se concorre por editais esteve presente, desautomatizando redes e recolocando problemas. Deveríamos indagar, em todos esses e em outros casos, sobre as práticas da gestão governamental por projetos junto aos povos indígenas, as lições aprendidas e propostas para o futuro, dentro de quadros mais abrangentes de reflexão, onde um saudável vento utópico deve vir se somar ao que se apresenta como as figuras dominantes do presente.

Se comparamos o momento atual com as metas que o Brasil se comprometeu a honrar ratificando a Convenção 169 OIT, há muito por ser concebido, discutido e exercitado no plano do diálogo inter(sócio) cultural. Mas não podemos deixar de registrar que, por mais que se apontem imperfeições nos anos da gestão de Fernando Henrique Cardoso e Luis Inácio Lula da Silva, realizaram-se Conferências Nacionais de Saúde Indígena, uma primeira Conferência Nacional de Educação Indígena em novembro de 2009, a Funai realizou uma Conferência Nacional de Política Indigenista (ainda que sob seu controle estrito e com resultados que reforçam a necessidade de suas existência sem questionar a fundo seu modelo organizaional) e a ação do Ministério Público Federal contribuiu fortemente para a expressão da vontade política dos povos indígenas, com repercussões que se colocam para além de intervenções pontuais. É indiscutível quão longe estamos da ditadura militar e dos aspectos mais cruentos da tutela.

Há muito por ser analisado de maneira mais distanciada sobre essas experiências esboçadas na área da saúde e da educação, da regularização fundiária, do direito, da antropologia e do "desenvolvimentismo", termo que uso aqui para designar, provocativamente, as intervenções voltadas à "melhoria do nível de vida" das populações indígenas, entendida sobretudo como geração de renda e crescimento econômico. Mas o complexo cenário atual, aqui precariamente esboçado, só é desanimador se acreditarmos em demasia nas propostas prévias à colocação em prática de ações que efetivassem os dispostivos constitucionais, e que um país colonial e de regime escravista seria capaz de superar em 21 anos o que se construiu em mais de 500. Isso é no mínimo muito fantasioso, mas, antes de tudo, desconsidera que, se as raízes deitadas nos avanços ocorridos não geraram bases institucionais sólidas para que os povos indígenas fossem interlocutores legítimos de numerosas instâncias do Estado brasileiro, permitiram muitas outras invenções de futuros e toda uma dinâmica que se reflete numa nova geração de indígenas e põe em questão os próprios parâmetros antropológicos para avaliá-los. Na verdade, os povos indígenas têm-se feito sempre presentes no cenário político nacional, em que pesem os contextos de violência exacerbada em regiões como o Nordeste, Mato Grosso do Sul e em outros pontos do país.

Muitos se perguntaram e se perguntam – em meio aos arroubos desenvolvimentistas – se o Brasil, por meio de seu governo, mas com larga aceitação popular, está entrando em mais uma era de obscurantismo unitarista, preocupado em se tornar, à luz de "nossas tradições", plenamente *civilizado* e *desenvolvido*, de modo que, no plano de uma imaginação social paranoica, se veja livre da fantasia de se fragmentar em unidades soberanas. Soberania é algo que os povos indígenas nunca reivindicaram para suas terras, mas que nossos militares insistem em afirmar ser um perigo. O essencial, me parece, é perceber que as mudanças ensejadas desde o(s) movimento(s) indígena(s), ainda que estejam longe do alardeado, significam conquistas que paulatinamente vão mudando as feições da relação dos povos indígenas com o espaço público brasileiro, mais especificamente com o Estado como ideia e rede de agências e agentes, como "centro exemplar" e matriz de invenções coletivas, talvez com isso fazendo parte de um conjunto mais amplo de ações e relações que estejam no curso de uma mudança do próprio Estado em todos os planos, como será visto adiante. Como afirma Baniwa (2006: 79):

> A crescente participação política dos povos indígenas nos últimos anos, embora não tenha sido suficiente para eliminar a

> prática tutelar e paternalista do Estado brasileiro em relação aos povos indígenas – ainda presente em alguns órgãos do governo –, tem diversificado e dinamizado essa relação, propiciando o surgimento de programas e projetos governamentais inovadores.

Aos poucos, e pelo esforço dos próprios indígenas, sem dúvida com o suporte de aliados vários, ainda que de forma tensa e sempre sujeita a retrocessos ou ao cinismo da negociação política de largo espectro, mudam as imagens que norteiam as práticas públicas no Brasil. Tais imagens, que chamo de unitaristas, vivem em paralelo com imagens dos indígenas altamente distintas da vida atual da maioria desses povos, que hoje lutam, dentre inúmeras outras coisas, por acessar o ensino superior, obter conhecimentos que lhes permitam navegar em suas próprias águas com autonomia, mantendo o que de suas tradições culturais parecer-lhes adequado e substancial. Sem esse aporte de novos conhecimentos no quadro atual, as organizações indígenas não poderiam ultrapassar a dependência de mediadores não indígenas, o que não querem perpetuar. "Alianças sim! Submissão não!" – esta parece ser a ideia-força, ainda que as realidades concretas sejam bem distintas.

Ao que parece, num plano público – nem sempre refletido na pesquisa acadêmica e muito pouco condizente com muito do que se diz sobre os povos indígenas em etnologia no presente – a imagem do "índio dos cronistas e viajantes" vem cedendo espaço, deslocada pelas ações dos póprios indígenas, e isso em muitas escalas. Esse ser eternamente fora da história, signo por excelência do exotismo dos trópicos americanos, puro, parado num tempo estagnado, intocado pela colonização, frequentador das imagens divulgadas do Brasil no exterior na sua versão ambientalista, parece que só viverá mesmo na pesquisa científico-filosófica, que continua reivindicando a autoridade máxima para falar de indígenas e disseminar informações sobre seus modos de vida e pensamento. Mantendo-se esta imagem, e vendo-se sempre em algum lugar um "índio profundo" inconquistado, o "verdadeiro índio", que precisa ser protegido, salvo, que necessita de mediadores não indígenas para se fazer representar, é sempre possível acionar a "retórica do resgate", pondo em ação formas reelaboradas do passado colonial brasileiro, solucionando dúvidas e angústias quanto a futuros que não estão esboçados.

O ideal político-filosófico de construção de condições político-morais para um diálogo intercultural, construído desde o local e o regional, baseado num conjunto de princípios e direitos partícipes de um projeto nacional de reconhecimento dos direitos à diferença sócio-histórica rumo à inclusão e à justiça social, tendo como ponto de partida o respeito à diferença de projetos de futuro, disseminado entre antropólogos, apoiadores, indigenistas e movimento(s) indígena(s), mereceria ser pensado em confronto com a realidade histórica das relações entre os povos indígenas e o Estado nacional brasileiro. Sem uma reflexão que aprofunde as imagens e práticas de indígenas e não indígenas no campo político contemporâneo, arriscamo-nos, sob as novas vestes da década (*sustentabilidade*, *parceria*, *participação*, *capacitação* etc.), a repetir o pior da tutela e do clientelismo de Estado, reeditando prateleiras inteiras de nosso arquivo fantasmagórico. A pesquisa científica tem aí, portanto, um papel fundamental, de desvendamento e crítica social.

Afinal, se efetivamente a mediação tutelar não desapareceu, ela não é mais a única via de acesso aos espaços de gestão governamental nem o único dispositivo de poder em jogo nesse cenário: representantes indígenas indicados por organizações ocupam mais de 30 postos em conselhos de diferentes níveis de atuação da administração pública, ou instâncias variadas nos quadros do governo. Isso sem considerarmos as posições em contextos estaduais e municipais, bem como a presença nos legislativos municipais. Faltam aos representantes e suas organizações condições de sinergia e articulação, espaços para a construção de ideias comuns, fruto daquilo que os aproxima em detrimento daquilo que os separa, bem como informações básicas e domínio de trâmites assentes em códigos letrados.

Uma nova utopia para uma política indigenista adequada ao Brasil contemporâneo se esboça, tendo como ponto de partida, por um lado, que ela seja coconstruída, sem porta-vozes, sem "reservas indígenas" ou guetos. Por outro, o movimento indígena tem se colocado a enfrentar o que é hoje um de seus principais desafios:

> (...) garantir a capacitação dos membros do movimento, das organizações e das comunidades indígenas para superar as deficiências técnicas e políticas na condução das lutas em defesa dos direitos indígenas, diante de uma sociedade cada vez mais complexa, tecnocrática e cientificista. Para além disso, como garantir uma educação ou formação política e técnica para os índios de uma maneira geral, necessária para que eles ampliem suas capacidades de compreensão e de interação com o complexo mundo branco? Uma das iniciativas propostas pelos povos indígenas é a construção e implementação de uma escola de formação política do movimento indígena, vinculada às suas necessidades e demandas atuais e aos seus históricos projetos sociais e étnicos. O sistema escolar, em todos os seus níveis, presentes ou não nas comunidades indígenas, precisa ser apropriado e direcionado para servir aos projetos coletivos de vida de cada povo indígena. Por fim, o grande desafio dos povos indígenas é como garantir definitivamente e em determinadas condições sociojurídicas ou de cidadania o seu espaço na sociedade brasileira contemporânea, sem necessidade de abrir mão do que lhes é próprio: as culturas, as tradições, os conhecimentos e os valores (Baniwa, 2006: 85).

Cabe ao pesquisador, dentre outras inúmeras tarefas, desnaturalizar expressões que se vulgarizaram nas últimas décadas – tais como *cooperação técnica*, *mercado de projetos*, *capacitação*, *políticas públicas* (em especial oposições ilusórias entre políticas de *governo* e de *Estado*), *interculturalidade*, *educação intercultural* – na busca de qualificar fenômenos por vezes sutilmente muito distintos, diferença que passa despercebida e ajuda a validar uns pelos outros. Isso é essencial ao avanço da reflexão antropológica sobre a relação entre o Estado e os povos indígenas no Brasil.

Os trabalhos que tenho realizado têm se movido nessa fronteira temática, e, como fruto da consciência de que analisar e escrever sobre o fenômeno estatal é também (re)construí-lo enquanto realidade, têm sido também de natureza aplicada. De modo consistente com essa percepção teórica e com certos princípios éticos e ideológicos, tenho buscado produzir conhecimento no bojo de intervenções focadas – nos últimos oito anos – em ações de suporte e indução qualificada à formação universitária de estudantes indígenas enquanto quadros partícipes de formas de articulação política variadas de seus povos, e agentes em processos associativos de várias naturezas. Trata-se aqui, mais especificamente, de acompanhar – em muitos sentidos do termo – a formação de uma *intelligentsia* indígena, uma intelectualidade formada no bojo da luta política, da pós-graduação, e no diálogo com seus povos e autoridades, produzindo sínteses e interpretações que vêm buscando espelhar as orientações que partem de suas coletividades de origem.

Minha hipótese principal, no presente, para reflexão e intervenção, é a de que a formação e o fortalecimento de uma intelectualidade indígena é condição essencial para processos de redefinição das relações entre Estado (como ideia e como rede de agências e agentes, como forma de "descentrar" – ou produzir "novos centros" para – a crença fetichista na existência do Estado como centro e no seu poder de realização, colhida daqueles que nisso acreditam) e povos indígenas, na medida em que podendo entender demandas e superando a necessidade de mediadores, podem se colocar como formuladores de utopias para além daquelas determinadas para e pelas suas tradições específicas. A busca de qualificação que é apresentada como parte do interesse pela formação no ensino superior é também uma busca de entender e dominar a avassaladora entrada das *políticas públicas* em meio às aldeias indígenas, e até mesmo em aspectos os mais recônditos, como o do parentesco e das relações intergeracionais. O novo regime de poder em que a *participação* é um imperativo coloca desafios variados, como procurei mostrar antes, se entretece com as formas tutelares e coloca a necessidade de se conhecerem de ângulos variados as políticas governamentais incidentes sobre os povos indígenas, contando ou não com sua presença efetiva nas etapas de formulação e implementação. É preciso proceder a estudos em que *analisar o Estado* no tocante às políticas indigenistas implique analisar os povos indígenas como nelas entramados.

Suponho ainda que, para lidar com as ficções e realidades estatais, e alterá-las, é necessário em alguma medida apreendê-las no plano do reconhecimento de sua existência, abstrações e crenças que são mais que experiências afetivo-cognitivas específicas e diretas. Essa intelectualidade indígena que vem surgindo, em diálogo com as transformações (quiçá mudanças) estatais, vem formulando concepções que partem de seu aprendizado – distributivamente variado – em suas tradições culturais e do que tais tradições, nos contextos locais e regionais específicos de seus povos no presente, propiciam como chaves de leituras das intervenções do Estado em seus modos de vida. Mas se tal é o ponto de partida, parece-me que esses intelectuais indígenas vêm buscando adquirir a capacidade de extrapolar seus contextos e formular interpretações em diálogo com outros contextos locais e regionais sobre as relações entre os povos indígenas e o Estado. Em suma, acham-se em jogo modos indígenas de entender e conceber as formas e os processos estatais.

Parece-me que nossas tarefas não se restringem a pensar no lugar do antropólogo nas ações do Estado ou diante delas, mas incluem produzir os instrumentos para entender o entrejogo complexo entre os povos indígenas e o Estado no cenário contemporâneo, para além de chaves filosóficas, da ciência política ou das prescrições normativas do direito. Cabe-nos, antes de tudo, mesmo que quando intervindo, etnografar e teorizar sobre tal cenário.

Notas

1 Há grandes controvérsias quanto ao total de habitantes indígenas no país, o que sem dúvida se deve a diferentes critérios de identificação de quem seja indígena por essas instituições (Fundação Nacional do Índio, Fundação Nacional de Saúde, as ONGs Instituto Socioambiental e Conselho Indigenista Missionário) em face do IBGE. É importante lembrar que todas as instituições citadas trabalham com estimativas, e a única instituição oficialmente encarregada (e detentora do saber necessário a isso) de recensear o país é o IBGE, que apresenta assim dados de natureza diferente de todas as outras.

2 Dados elaborados pelo Instituto Socioambiental, disponíveis em http://pib.socioambiental.org/pt/c/terras-indigenas/demarcacoes/localizacao-e-extensao-das-tis. Acesso em 31/08/2011.

3 Se considerarmos este ponto, os condicionantes apresentados pelo STF no caso de Raposa Serra do Sol assumem uma dimensão muito preocupante. Veja-se sobre este ponto Carneiro Filho e Souza, 2009. A fundação Joaquim Nabuco prepara, sob a coordenação de João Pacheco de Oliveira, uma nova versão do *Atlas das terras indígenas do Nordeste* (Rio de Janeiro: Projeto Estudo sobre Terras Indígenas no Brasil; Museu Nacional-UFRJ, 1993) e o Centro de Trabalho Indigenista (http://www.cti.org.br) tem um importante conjunto de trabalhos na temática territorial, em especial sobre a questão guarani no Sul do Brasil.

4 Sobre os efeitos despolitizantes das intervenções desenvolvimentistas, ver Ferguson (1994). Dentre muitos títulos sobre desenvolvimento, ver Escobar (1995) e Rist (1999).

5 Para uma análise importante produzida a partir de dentro do movimento indígena por um de seus principais pensadores e atores, com larga experiência em posições institucionais distintas em organizações indígenas e representando-o em instâncias participativas e postos burocráticos na administração pública brasileira, ver Baniwa (2006) e Matos (1996; 2006).

6 Para um raro exemplo de busca de sistematização e disseminação reflexiva e crítica de informações acerca – afinal, existem muitos pequenos guias e manuais publicados por ONGs, órgãos de governo etc. – do *fazer projetos*, ver Almeida (2008). Para um esforço crítico de conceituação acerca da forma administrativa *projeto* e do que se chama *projetismo* no mundo do desenvolvimento, ver Pareschi (2002).

7 Sobre o surgimento do PPTA, ver Valente (2010) e Lima (2002).

8 Para a ideia de ambientalização dos conflitos, ver Leite Lopes (2004).

9 Ver em www.laced.etc.br/seminarios_02.htm os diagnósticos e resultados propositivos do seminário.

10 Cf. www.socioambiental.org/nsa/detalhe?id=2447. Acesso em 17/08/2011.

11 Para a íntegra da proposta e a exposição de motivos que a acompanha, ver www.camara.gov.br/sileg/integras/575650.pdf. Algumas informações podem ser obtidas também em www.direito2.com.br/acam/2008/jul/25/projeto-cria-conselho-nacional-de-politica-indigenista, acesso em 17/08/2011. Em www.coiab.com.br/coiab.php?dest=show&back=index&id=354&tipo=E, acesso em 17/08/2011, encontramos a íntegra do Documento Final do VI Acampamento Terra Livre, de maio de 2009, onde diversos pontos favoráveis e críticos à ação estatal estão devidamente localizados.

12 Ver www.brasil.gov.br/pac/.

13 Como fruto do fato de que o governo brasileiro assumiu em 1945 o dia 19 de abril, data proposta pelo indigenismo interamericano, para comemoração do "Dia do Índio", mantendo-se a mesma data desde então no calendário cívico brasileiro, o movimento indígena assenhoreou-se da efeméride (tradicionalmente folclorizada) como momento importante de protesto político.

14 Para apresentações oficiais do PDPI, ver, www.mj.gov.br/data/Pages/MJD0E56FE7ITEMID8368F95A11F7469A938D7DE6DDB88050PTBRNN.htm e, sobre a Carteira Indígena, ver www.mds.gov.br/programas/seguranca-alimentar-e-nutricional-san/carteira-indigena, acesso em 17/08/2011.

Referências bibliográficas

CARNEIRO FILHO, Arnaldo; SOUZA, Oswaldo Braga de. *Atlas das pressões e ameaças às terras indígenas da Amazônia Brasileira*. São Paulo: Instituto Socioambiental, 2009.

FERGUNSON, James. *The Anti-Politics Machine. "Development", Depoliticization and Bureaucratic Power in Lesotho*. Minneapolis; Londres: University of Minnesota Press, 1994.

ESCOBAR, Arturo. *Encountering Development. The Making and Unmaking of the Third World*. Princeton: Princeton University Press, 1995.

RIST, Gilbert. *The History of Development: from Western Origins to Global Faith*. Londres; Nova York; Cidade do Cabo: Zed Books; UCT Press, 1999.

BANIWA, Gersem José dos Santos Luciano. *O índio brasileiro: o que você precisa saber sobre o índio brasileiro de hoje*. Coleção Educação para Todos – Série

Vias dos Saberes. Rio de Janeiro; Brasília: Trilhas de Conhecimentos/Laced; Mec/Secad; Unesco, 2006. Disponível em: http://www.trilhasdeconhecimentos.etc.br/livros/arquivos/ColET12_Vias01WEB.pdf

Matos, Maria Helena Ortolan. *O processo de criação e consolidação do movimento pan-indígena no Brasil (1970-1980)*. Dissertação de mestrado em Antropologia. Brasília: DAN; Universidade de Brasília, 1996.

_____. *Rumos do movimento indígena no Brasil contemporâneo: experiências exemplares no Vale do Javari*. Tese de doutorado em Ciências Sociais. Campinas: Universidade Estadual de Campinas, 2006.

Almeida, Fabio Vaz Ribeiro de (org.). *Guia para a formação em gestão de projetos indígenas*. Brasília: Pdpi; Paralelo 15, 2008.

Pareschi, Ana Carolina Cambesis. *Desenvolvimento sustentável e Ppequenos projetos: entre o projetismo, a ideologia e as dinâmicas sociais*. Tese de Doutorado. Brasília: PPGAS/UnB, 2002.

Valente, Renata C. *A GTZ no Brasil. Uma etnografia da cooperação alemã para o desenvolvimento*. Rio de Janeiro: Laced; E-papers, 2010.

Lima, Ludmila Moreira. Cooperação e parceria no contexto de um projeto piloto: a experiência do pptal. In: Lima, Antonio Carlos de Souza (org.). *Gestar e gerir. Estudos para uma antropologia da administração pública no Brasil*. Rio de Janeiro: Relume Dumará; Núcleo de Antropologia da Política/UFRJ, 2002: 147-198.

Lopes, J. S. Leite (org.). *A ambientalização dos conflitos sociais. Participação e controle público da poluição industrial*. 1ª ed. Rio de Janeiro: Relume Dumará, 2004.

Oliveira, João Pacheco de. Sem a tutela, uma nova moldura para a nação. In: Oliven, Rubem George; Ridenti, Marcelo; Brandão, Gildo Marçal (org.). *A Constituição de 1988 na vida brasileira*. São Paulo: Hucitec; anpocs, 2008.

Direitos humanos e os extremos polares do "branco puro" e do "negro puro" em sociedades com legado escravista: Brasil, Estados Unidos e África do Sul

John H. Stanfield III

Este artigo baseia-se amplamente em observações autoetnográficas da racialização em três países – Brasil, África do Sul e Estados Unidos – ao longo de diversos anos. Nos Estados Unidos, a autoetnografia, que envolve o uso de observações pessoais e experiências históricas de vida do pesquisador para fazer hipóteses teóricas sobre realidades empíricas observadas, tornou-se uma metodologia antropológica e sociológica aceitável (Ellis, 2003). Eu uso essa abordagem metodológica para tentar teorizar sobre as origens e operações da racialização das peles de cor branca e negra, em um tipo de sociedade chamada Sociedade com Legados da Escravidão Africana, por meio da análise de três dessas sociedades pelas quais vivi e viajei. Minhas experiências pessoais, que fundamentam as observações teóricas, estão registradas nas notas.

Quando um pesquisador americano de pele escura, de ascendência africana, nativo americano, como eu,[1] utiliza o próprio ser como o principal instrumento de pesquisa para coletar dados sobre a racialização como uma experiência humana desumanizante através das fronteiras da sociedade, certamente chega a descobertas muito mais paradoxais do que quando um pesquisador é branco com uma aparência "padrão", por mais que se defina a brancura dentro de contextos sociais em consideração. Isso ocorre porque não importam os tipos de dados quantitativos e qualitativos secundários coletados e analisados por um pesquisador que é branco em aparência ou/e em autoidentidade. A dinâmica cognitiva e emocional do privilégio dos brancos opera frequentemente como um impedimento não só para entender, mas também, e mais importante, para experimentar o fardo do racismo e do racialismo normativos, assim como incidentes episódicos racistas e racialistas evidentes.[2]

A única condição em que essa intrusão normal do privilégio dos brancos não interfere cognitiva e emocionalmente com as percepções é quando uma pessoa branca passou uma quantidade de tempo significativa com descendentes africanos e outras pessoas não brancas que se identificam etnicamente com histórias, comunidades e movimentos de seus ancestrais. Além dessas situações raras, não importa quão sinceramente pessoas brancas tentem ser solidárias com, digamos, pessoas negras ou se opor ao racismo e ao racialismo, pois a falta de experiências de vida com pessoas negras significativamente sustentadas resulta em suas inclinações e desejos progressivos de ter limitações, contradições e paradoxos.[3]

O Brasil, a África do Sul e os Estados Unidos constituem os três exemplos do que eu chamo de Sociedades com Legados da Escravidão Africana,[4] é claro que com desenvolvimentos históricos e nacionais diferentes, embora com dinâmicas culturais de racialização e suas consequências surpreendentemente semelhantes (Stanfield, 2011b; para outras perspectivas comparativas, ver Van den Berghe, 1967; Cell, 1982; Marx, 1998). A Sociedade com Legados da Escravidão Africana como uma categoria do desenvolvimento desumanizado da sociedade decorre da participação variada no tráfico de escravos africanos de certas colônias de descendência europeia, no Atlântico e no Pacífico, de 1600 ao final de 1800, dependendo do império e da colônia. O maior vestígio da escravidão, que persiste até o atual período pós-moderno nas Sociedades com Legados da Escravidão Africana, é o que eu chamo de extremos polares da pele branca mais branca e da negra mais negra. Isso significa que, embora em contextos históricos e culturais coloniais e nacionais diferentes, as Sociedades com Legados da Escravidão Africana levam os seus membros a acreditar que a pele de cor branca constitui o privilégio cognitivo, social, emocional e econômico definitivo na sociedade, enquanto a pele de cor negra constitui a forma definitiva de desvalorização desse privilégio. Em outras palavras, a pele branca se correlaciona a concepções mais elevadas de beleza, potenciais sociais de aceitação e mobilidade, sentimentos de autovalorização e bem-estar de subsistência. Ser uma pessoa de pele negra significa ter as mais baixas correlações nas áreas mencionadas. Apesar de haver diferentes orientações nacionais e variações regionais e locais dentro de uma sociedade de pele branca e pele negra nas várias Sociedades com Legados da Escravidão Africana, as consequências são os extremos polares idênticos.[5]

Então, é verdadeiramente o caso de que no Brasil, e nas várias maneiras regionais e locais, brancos estão dispostos a reconhecer a sua ancestralidade derivada de africanos ou outros não brancos europeus, apesar de não haver um ponto de não brancura em suas aparências.[6] Quando perguntados sobre isso, é comum para brasileiros brancos reconhecerem orgulhosos primeiro a sua herança africana e não branca e depois adicionarem algo mais ou menos assim: "Mas agora eu sou branco" (Bailey, 2009; Reiter e Mitchell, 2010).[7]

Nos Estados Unidos e na África do Sul, ter uma gota que seja de "sangue" de ascendência africana é visto como negativo, se não como uma razão para rejeição social por outras pessoas brancas (Cell, 1982). O estigma de ter antepassados de ascendência africana é um tabu tão profundo que se torna, de tempos em tempos, como no pós-1980, um tema de romances e de relatos públicos amplamente lidos em ambos os países, já que ser branco com uma revelação de um ponto negro mancha o valor social e cultural de ser branco, porque antepassados de ascendência africana estão localizados em algum lugar na árvore genealógica não importa quão distantes.[8] De qualquer modo, seja a brancura definida por aparência ou por ascendência, o seu valor capital social e cultural definitivo nas Sociedades com Legados da Escravidão Africana significa que mesmo onde se aceita ter antepassados de ascendência africana, estes são escondidos intencionalmente ou são guardados cognitivamente como um assunto do qual jamais se fala, ou somente é abordado em sociedades aceitas quando se é forçado a isso ou quando se tenta argumentar na tentativa de parecer uma pessoa não racista, como um mecanismo de enfrentamento defensivo.[9]

Mesmo quando é socialmente aceitável ter a pele branca, embora com antepassados de ascendência africana, é lugar-comum se passar por branco ou esquecer. Onde isso não é aceito, certamente se passar por branco permanentemente ou em certas situações é muito provavelmente a norma comum. Nós sabemos de inúmeros americanos e sul-africanos aparentemente de pele branca que historicamente não passaram somente a desfrutar das regalias de ser branco, casando-se com brancos, vivendo em comunidades brancas e tendo empregos normalmente restringidos culturalmente, se não legalmente, a brancos (durante o *apartheid* e nas décadas de Jim Crow), ou escolhendo a opção mais perigosa de viver em uma comunidade negra enquanto se passam situacionalmente por brancos, para fins de emprego ou fins educacionais, ganhando acesso temporário a uma área somente para brancos, como a seção branca de um trem ou de um clube social.[10]

O fenômeno generalizado de pessoas de pele branca com origens de ascendência africana se passando permanentemente ou situacionalmente por brancas é a razão pela qual a noção culturalmente interessante de "ser o primeiro negro" a entrar em uma universidade, em uma suíte executiva corporativa, em uma comunidade residencial ou em qualquer outra entidade social "só de brancos" é, na realidade, muito problemático, já que nós simplesmente não sabemos sobre essas pessoas de ascendência africana que entraram primeiro, se passando por brancas de forma bem-sucedida intencionalmente ou simplesmente porque não sabiam das ramificações de suas árvores genealógicas, que são um tabu não falado.[11]

Ser o mais negro possível, que representa o outro extremo polar mais desvalorizado, tem uma ideologia interessante no Brasil, que tem sido observada e afirmada incorretamente por muitos cientistas sociais e historiadores que estudam raça no país (especialmente a maioria desses acadêmicos que, não importam os seus antepassados e o tom de sua pele, tende a se ver como branca e a pensar e a escrever como uma pessoa culturalmente branca).[12] A afirmação é de que é o *status* econômico, não a cor da pele, que determina o preconceito social. Talvez dependa (Hamilton et al., 2001; Telles, 2006). Seja situacional. Em outras palavras, desde que um brasileiro muito escuro seja conhecido como uma pessoa de classe média ou de *status* econômico elevado em um círculo social próximo ou em uma situação social, tratam-no como uma pessoa branca. Mas, uma vez que ele deixa o círculo social ou a situação em que é conhecido por ser alguém de pelo menos um *status* econômico de classe média, materializa-se a probabilidade de que ele seja submetido a um preconceito social aleatório devido à cor de sua pele.[13] E é importante manter em mente aqui que nós estamos nos referindo não só ao preconceito social que brancos pensam e praticam contra pessoas de pele escura, mas também à mesma tendência de desvalorização que negros de pele mais marrom demonstram ao degradar seus irmãos e suas irmãs mais escuros. É este o caso quando se trata de negros de pele escura nos Estados Unidos, na África do Sul e em outras Sociedades com Legados da Escravidão Africana. Por mais que os movimentos de orgulho negro nos Estados Unidos tenham tentado apagar o estigma de ser negro na cultura pública e privada, como no caso do Brasil e da África do Sul e em outras Sociedades com Legados da Escravidão Africana, tudo o que é preciso fazer é observar para quem, em termos de cor de pele, entre pessoas com ascendência africana de pele escura e marrom, são dados os maiores privilégios de mobilidade e quem são os mais propensos a ter posições na esfera pública, variando desde o trabalho na mídia ao trabalho em espaços públicos de empresas de consumo. Entretanto, o mesmo pode ser dito sobre quem normalmente aterrissa na favela, no gueto ou na *township*, em termos de cor de pele, e tem a maior probabilidade de ter menos opções para sair ou para ascender socialmente.[14]

Esta observação sobre a desvalorização da pele negra – quanto mais escura, mais desvalorizada – levanta uma última questão. Embora os extremos polares idealizados do mais branco e do mais escuro se tornem fortes indicadores de privilégio capital fundamental, social e cultural, ou da falta disso, é o meio – as variações de não tão escuro ao tom de pele marrom – que se torna o mais amplamente diferente de sociedade para sociedade, entre regiões e locais em sociedades no gênero das Sociedades com Legados da Escravidão Africana. No Brasil, quanto mais claro for o marrom, maiores as oportunidades de embranquecer através da seleção de colegas mais brancos, ou pelo menos de se declarar como branco. Quanto mais claro for o marrom, maior será o número de círculos sociais e situações sociais em que uma pessoa será considerada branca e, portanto, não vivenciará problemas de preconceito social, pelo menos não mais do que em raras ocasiões.

Nos Estados Unidos, isso não faz diferença (Stanfield, 2011a). Se uma pessoa tiver um tom minimamente amarronzado e tiver outros traços físicos do estereótipo "negro", como cabelo crespo, lábios grossos e, se for uma mulher, quadris generosos, uma pessoa ainda será vista como sendo de ascendência africana. Isso ocorre porque, embora haja no momento um movimento de identidade multirracial forte acontecendo nos Estados Unidos, ainda é bastante marginal à norma de gradação de cor de dois níveis branco-preto – o que significa que ou se é branco ou negro, sem meio-termo, e se uma pessoa negra tiver somente um tom levemente amarronzado, especialmente com os traços estereotipados, estará presa nesse sistema de crença racializada estreitamente definido.

A metodologia racializada sul-africana tem sido a de dividir brancos em *afrikaners* (derivados de holandeses), britânicos e outras pessoas imigrantes brancas da Europa, da Austrália e do hemisfério ocidental. Então, há os asiáticos da Índia e de outras áreas da Ásia e outras partes do mundo. Os africanos tribais são culturalmente vistos como uma parte inferior da sociedade. Entre e em paralelo aos indianos estão os mestiços. Ser mestiço está relacionado aos ancestrais e não necessariamente à cor de pele marrom.[15] Desde que a pessoa possa retraçar seus ancestrais a africanos não tribais, as linhagens preferidas, ela pode se enquadrar numa das trinta diferentes maneiras de ser uma pessoa mestiça.[16]

Neste artigo, tentei transmitir que a raça é um fundamento das sociedades socialmente construído com um legado histórico da escravidão africana, que continua influenciando questões como os significados e as consequências sociais e culturais do tom da pele, especialmente nos extremos polares dos tons branco e preto escuro. O que isso significa é que, mesmo que seja lugar-comum para acadêmicos entrar em debates sobre se existe ou não raça em suas sociedades de origem, talvez seja possível fazer um esforço mais realista socialmente para explicar o funcionamento da raça em uma série de sociedades que se originaram da mesma raiz, isto é, a história do tráfico de escravos africanos, que criou sociedades que historicamente incorporaram noções de superioridade por serem de pele branca, mesmo não sendo inteiramente branca, e de inferioridade por serem de pele negra, mesmo não sendo inteiramente de ascendência africana.

Quando cientistas sociais e historiadores dos estudos de racialização conseguem transcender os seus contextos nacionais e examinar outras sociedades multirraciais, para entender tais sociedades, assim como a sua própria, bem melhor, torna-se aparente que é muito mais produtivo explorar "como e por que" ocorre a racialização e a consequente desumanização de todas as populações e, assim, de sociedades inteiras, em vez de se envolver nos debates convencionais comuns sobre se realmente existe ou não raça em sociedades multirraciais. Esse tipo de análise mais realista recebe assistência quando os pesquisadores têm a oportunidade de viajar para outras sociedades multirraciais para observar e comparar o que eles veem e sentem com aquilo que leem em estudos publicados, que muito frequentemente generalizam excessivamente ou reproduzem suposições mais representativas do folclore popular do que de realidades empíricas. Este é certamente o caso nesta parte deste artigo, que é baseada nos períodos extensivos de tempo que passei observando no Brasil e na África do Sul, como um sociólogo e historiador afro-americano de pele marrom que passou muito tempo estudando as questões raciais nos Estados Unidos.

Implicações para a pesquisa de direitos humanos

No contexto das Sociedades com Legados da Escravidão Africana, a pesquisa de direitos humanos foca, em grande parte, nos problemas de abuso da cidadania legalizada que pessoas oprimidas, como as pessoas de ascendência africana, experimentam. Essa abordagem legal está certa e é compreensível, mas é meramente um começo em uma jornada muito complicada e paradoxal para entender os problemáticos direitos à cidadania que populações com ascendência africana e outras populações racializadas experimentam. Se o problema dos direitos à cidadania para pessoas com ascendência africana no Brasil, na África do Sul, nos Estados Unidos e em outras Sociedades com Legados da Escravidão Africana fosse uma questão meramente legal, então somente a aprovação de leis e políticas contra a discriminação racial seria suficiente para assegurar a plena inclusão de cidadãos de ascendência africana nos Estados de suas nações respectivas. Mas nós sabemos em termos históricos que isso está longe do caso. Em cada país, a aprovação histórica de decisões dos tribunais, a aprovação de legislação e a emissão de ordens executivas presidenciais feitas para reconhecer e para respeitar os direitos de cidadania de pessoas com ascendência africana, que são de fato cidadãs, têm feito muito pouco para assegurar a crença da sociedade nisso e o respeito a tais esforços legais e políticos.

Isso se deve ao fato de que definir legalmente pessoas como cidadãos e aprovar documentos legais para que se assegure isso não significa nada se o respeito cultural dominante pelos interessados não for abraçado e praticado. A luta histórica constante que afro-americanos vivenciaram ao tentar convencer o público dominante branco de que eles são de fato cidadãos e, portanto, dignos dos mesmos direitos que os brancos tem normalmente sido respondida com dúvida, indignação, medo e resistência por parte dos brancos, ao invés de ser recebida com aceitação.[17] Nos Estados Unidos, nós observamos como esse questionamento ou essa rejeição, que são históricos e generalizados dos brancos sobre afro-americanos como cidadãos, foi demonstrado na forma insultante pela qual conservadores tiveram a coragem de questionar o lugar de nascimento do presidente Barak Obama apenas como uma maneira de dizer mais uma vez que ele é negro e, portanto, não é um de "nós". Isso é como um primo de primeiro grau da típica forma de supremacia branca de explicar a competência de negros apontando para outras áreas de suas árvores genealógicas, alegando que eles são realmente algo além de "negros".

Essa tendência da parte da cultura branca dominante nos Estados Unidos, e de outras Sociedades com Legados da Escravidão Africana, de rejeitar a noção cultural de que pessoas com ascendência africana são ou realmente podem vir a ser cidadãs culturalmente e, portanto, humanas é certamente vista nas mais recentes controvérsias de ação afirmativa nos três países em consideração. Em todas as três nações, em seus diferentes estilos nacionais, direitistas vieram às esferas públicas se escondendo atrás de capas de inocência e liberalismo, alegando que estabelecer políticas que iriam fornecer acesso e mobilidade educacional para cidadãos de ascendência africana, que foram longamente excluídos, levaria o nível para baixo, como se tais níveis realmente existissem, demonstrando como acesso e mobilidade têm como premissa mais quem você conhece do que o que você conhece.

Certamente, a resistência dominante para abraçar e respeitar os cidadãos de ascendência africana como seres humanos e, portanto, culturalmente como cidadãos em Sociedades com Legados da Escravidão Africana, tem-se estendido para outras populações que são vistas pela corrente principal como sendo inferiores e, portanto, não dignas de respeito cultural, mesmo quando são constituídas de cidadãos legais. Em cada uma dessas sociedades vemos exemplos desse tipo de negação tácita da cidadania cultural e, portanto, da humanidade. Primeiro no Brasil, vemos isso no tratamento das pessoas das favelas como pessoas invisíveis e esquecidas, que são evitadas a todo custo, o que é fácil em cidades como o Rio, onde suas comunidades foram construídas nos morros empobrecidos que cercam a cidade. As pessoas das favelas são somente lembradas na hora das eleições, ou quando se quer comprar drogas em algum lugar do subúrbio. Parece ser um símbolo de realização por parte dos brasileiros, inclusive de afro-brasileiros, dizer que nunca estiveram em uma favela. O fato de que a maior parte dos moradores das favelas, pelo menos em grandes cidades brasileiras, é de pele negra encoraja uma mentalidade de *apartheid* quanto a manter as pessoas colonizadas longe de vista. Algumas vezes os arrastões de moradores de favela em praias ou em ruas das cidades lembram a todos de forma bastante visível que eles realmente existem. A incapacidade de compreender que crescer em uma comunidade pobre não significa que se está preso em um ambiente violento faz parte do silêncio nas esferas públicas brasileiras, em que parece haver um consenso de que, se uma pessoa é da favela, ela tem que ser pobre; se é pobre, tem que ser violenta e tem que ser negra.

Na África do Sul, isso é visto na xenofobia contra imigrantes do centro e do leste africanos, em grande parte. Isso é muito irônico, considerando o apoio dado pelos líderes do centro e do leste africanos ao Congresso Nacional Africano durante as longas décadas de lutas contra o regime de *apartheid* sul-africano.

Nos Estados Unidos, isso é visto contra imigrantes latinos, normalmente aqueles de língua espanhola em vez de portuguesa que pegam o peso da fúria anti-imigrantista que ocorre hoje nos Estados Unidos. Ainda, como nós americanos não estamos muito bem esclarecidos sobre a nossa história latino-americana, não importa de onde você é, se você tiver um nome que soe "espanhol", seja lá o que isso quer dizer, é muito fácil estar sujeito ao estereótipo racial que, junto com ser latino, significa supor que você é de baixa escolaridade, não sabe inglês, é trabalhador ilegal e se apega demais aos seus. Assim, por mais de cem anos, em paralelo a afro-americanos historicamente, cidadãos latinos viveram as dificuldades de serem vistos como americanos. Certamente podemos estender essa observação aos problemas históricos contínuos de aceitar americanos nativos e asiáticos como sendo humanamente capazes de serem verdadeiros cidadãos americanos, e o recente acréscimo de árabes a essa lista nos anos pós-11 de setembro.

Como vamos sair desse dilema em que Sociedades com Legados da Escravidão Africana enfrentam o paradoxo dos progressos em curso em termos de reconhecimentos legais dos direitos de cidadãos de ascendência africana e não brancos ao lado de uma incapacidade persistente de aceitar culturalmente a humanidade e, portanto, os plenos direitos de cidadania de tais pessoas? Esta é uma questão para este momento do século XXI, em pesquisas de direitos humanos e ativismo em Sociedades com Legados da Escravidão Africana. Especialmente porque, quando estão envolvidos direitos humanos, quando você é, mesmo que levemente, de tom marrom, quando você não é branco, não se acredita que você seja tão humano assim e, portanto, há sempre um questionamento sobre os seus direitos como cidadão, sem falar como ser humano.

Notas

1 Meu pai, que faleceu em 2009, tinha a pele relativamente escura, enquanto a minha mãe é de aparência cor de noz clara. Meus pais não enfatizavam diferenças em tom de pele, embora minhas três irmãs e eu sejamos bastante como um arco-íris em aparência. Somente uma das minhas três irmãs fez referência às nossas diferenças em tom de pele enquanto crescíamos. Na maior parte do tempo, o tom da pele não era assunto de discussão de mesa de jantar. Nunca chamaram a minha atenção publicamente por causa da minha aparência cor de noz clara até por volta de 17 ou 18 anos, num passeio pelo zoológico da cidade. Acho que eu não estava prestando atenção suficiente a uma mulher negra que

tentava me chamar. Então, quando ela passou por mim, ela se referiu ao meu tom de pele de uma forma não muito gentil como a razão pela qual eu não dera atenção a ela. No curso de graduação, três de nós, alunos negros, estávamos concorrendo a uma bolsa de estudos de doutorado administrada por uma organização de classe média negra do sul. Dois de nós éramos marrons e um era preto. Nós dois, marrons, recebemos a bolsa e o de pele preta não recebeu; dizia-se que ele era muito escuro. Somente na pós-graduação na Northwestern, em Chicago, alguém fazia frequentemente referência à cor da pele, me pedindo que descrevesse alguém com referência à aparência. Ele foi um professor negro que eu tive e iria habitualmente se referir à cor da pele de uma pessoa negra ao descrevê-la. Embora seja indelicado mencionar, entre muitos afro-americanos e brancos, o tom da pele de uma pessoa negra é muito importante. Há ainda organizações fraternais e igrejas negras que discriminam por gradações de cores e há ainda negros que não irão casar com outros negros muito claros ou muito escuros. Quando se trata de altos cargos políticos, se favorecem negros de pele clara a marrom. Veja o presidente Obama. O seu tom amarronzado claro traz conforto a um eleitorado majoritariamente branco que tende a ter sentimentos negativos e medos sobre pessoas negras que são muito escuras. Comentários sobre a sua esposa o equilibram, em razão da proveniência de um passado de escravidão convencional, pois são ajudados pelo aspecto mais escuro dela.

2 É por esse motivo que mesmo os brancos mais progressistas podem ser incrivelmente inocentes e, de muitas maneiras, emocionalmente impotentes quando um negro tenta explicar um incidente racial para eles, já que ser branco funciona como um escudo contra as maneiras frequentemente horríveis pelas quais negros são tratados diariamente. Eu me lembro de estar emocionalmente abalado no início deste ano quando um motorista branco que eu cortara me chamou, irritado, de *nigger* (termo pejorativo para "negro" em inglês). Ele estava junto de sua esposa e com seus filhos no banco traseiro — todos rindo enquanto ele acelerava em direção ao trânsito, que estava muito pesado para eu persegui-los. Quando eu tentei explicar a situação a uma amiga branca, que eu iria encontrar para um café alguns minutos depois, tudo o que ela, que se dizia tão liberal, fez foi balançar a cabeça e mudar de assunto, e nunca mais o mencionou.

3 Alguns dos maiores racistas que eu conheço são brancos que dizem ser muito liberais. Eles são antirracistas ideologicamente, embora não sejam pessoas transformadas quando se trata de seus seres interiores. O racismo deles geralmente aparece quando não conseguem o que querem com uma pessoa negra, que então eles passam a tratar de formas desumanas, escondendo-se atrás de sua aparência superficial inocente e de sua alegação de serem tão liberais, de

não quererem machucar a própria pessoa negra. Eu enfrentei esse comportamento particularmente entre meus alunos brancos, novos e velhos, que sempre começam a sua apresentação para mim com palavras destacando quão liberais eles são em suas vidas e quantos amigos negros eles ou seus pais têm, quantos ex-namorados negros tiveram e assim por diante. E então, no momento em que eu não correspondo às suas expectativas ou não faço o que eles querem, eles me discriminam, deitam em mim e, de outras maneiras, agem como brancos.

4 Stanfield II, John H. Weberian Ideal-Type Methodology in Comparative Historical Sociological Research: Identifying and Understanding African Slavery Legacy Societies. In: Stanfield II, John H. *Rethinking Race and Ethnicity in Research Methods*. Walnut Creek, CA: Left Coast Press, 2011: 293-312.

5 Minha conceitualização da Sociedade com Legados da Escravidão Africana como um tipo de sociedade racializada profundamente baseada em significações sociológicas ligadas a diferenças no tom de pele não pretende argumentar que não existam outros tipos de sociedades racializadas. Minha pesquisa anterior na Libéria e meu trabalho emergente em Ruanda, duas antigas sociedades com *apartheid* sendo reconstruídas de forma democrática no continente africano, ensinaram-me muito sobre o desenvolvimento das sociedades racializadas que não se originaram no tráfico europeu de escravos (embora certamente a formação da Libéria seja um resultado disso). Nessas duas sociedades africanas, o papel da cor da pele no desenvolvimento de ideologias raciais, na primeira por amero-liberianos impondo suas concepções americanas de "quanto mais claro, melhor" um ao outro e em povos indígenas, e na segunda por coloniais belgas inventando as raças *tutsi* e *hutu*, com a primeira sendo supostamente mais clara assim como mais alta do que a última, e impactos contemporâneos na sociedade pós-genocídio, são questões que ainda precisam ser mais exploradas em ambos os países. E, então, nós temos o caso confuso das sociedades asiáticas que tiveram pouco ou nenhum contato com a escravidão africana, embora haja distinções sociais feitas entre "os mais claros" e "os mais escuros" que são bastante racializadas.

6 Muito frequentemente, no campo dos estudos globais racial e étnico, há uma tendência a discutir questões em níveis de sociedade como se eles se aplicassem tão bem quanto em esferas regionais e locais, o que é claramente demasiado simplista. Especialmente quando se trata de grandes nações multirracializadas, como a Austrália, o Brasil, a Índia, a África do Sul e os Estados Unidos, entender as diferenças regionais dentro dos estados da nação e como eles contextualizam histórias, política, ecologias, culturas e demografias da racialização é fundamental. Ainda assim, a maior parte da literatura sobre estados de grandes nações multirracializadas tende a ser supergeneralizações. Por exemplo, mui-

tos acadêmicos do Brasil escrevem sobre o estado-nação como se fosse apenas Bahia ou Rio, sem entendimento das variações históricas, como as histórias da escravidão africana e seus impactos contemporâneos em outras partes do país, como na região Sul ou na Amazônia. Nos Estados Unidos, muitos acadêmicos têm supergeneralizado estudos de afro-americanos nas cidades interioranas do norte ou no sul rural, esquecendo as histórias de afro-americanos que vivem em pequenas cidades no leste, centro-oeste, sudoeste, planícies e extremo oeste. Nos estudos sul-africanos, os mestiços e negros residentes em áreas rurais costumam ser negligenciados, já que o foco tem sido em tais populações em grandes cidades como Joanesburgo e Cidade do Cabo.

7 Isso foi demonstrado para mim experimentalmente quando fui convidado para passar o fim de semana com uma advogada brasileira e seus filhos. A colega era de pele branca e assim era uma das suas crianças; a outra criança era morena. Eu lhe perguntei se havia algum afro-brasileiro no seu escritório de advocacia e ela disse que não, não havia pessoas assim em seu escritório. Algumas semanas depois, ela me convidou para uma festa de família e me apresentou à sua mãe, visivelmente uma mulata morena, entre outros.

8 Nos Estados Unidos e muito provavelmente na África do Sul, o esqueleto no armário se torna público de uma ou duas maneiras. Tanto pode ser divulgado que algum ícone da história americana, como Thomas Jefferson, teve uma relação sexual com uma escrava africana que gerou filhos quanto um branco pode escrever sobre a descoberta de que ele ou ela tem antepassados de ascendência africana. Um livro bastante popular desta última linha é *Life Along the Color Line*, de Greg Williams, publicado na década de 1990. Williams, que é hoje presidente da Universidade de Cincinnati, relata como com oito anos seu pai anunciou que sua mãe e ele se passavam por brancos e que, por causa da dissolução do casamento, ele iria morar com seus parentes negros. Williams detalha como ele lutou com a sua identidade recém-descoberta enquanto criança e na adolescência. Quando o conheci, muitos anos mais tarde, no fim da década de 1990 e pouco tempo após a publicação de seu livro, notei que a sua luta continuava durante a vida adulta. Isso não é surpreendente, dado o profundo estigma de ser branco e ter o "infortúnio" cultural, para muitos, de descobrir que se tem antepassados de ascendência africana e, portanto, se é realmente negro. É por esta razão que a prática comum dos brancos é a de não revelar publicamente os antepassados de ascendência africana, mas de escondê-los, enterrá-los o mais profundamente possível.

9 Essa questão ficou clara para mim alguns anos atrás enquanto eu conversava com um colega meu "branco" da Indiana University, que era de uma pequena cidade em Indiana. Eu estava mostrando para ele como, historicamente falan-

do, o centro-oeste havia sido um espaço geográfico para onde negros de pele clara escaparam por gerações e dissolveram-se em pequenas cidades e áreas rurais. Muitos deles foram enterrados sem que seus filhos ou netos ou vizinhos soubessem sobre seus antepassados de ascendência africana. Meu colega concordou, contando-me que sua mãe, uma republicana conservadora, nunca falava da mãe dela, cuja foto estava pendurada na entrada da casa. Quando ele levou a sua noiva para conhecer a sua mãe, enquanto deixavam a casa e iam para o carro, sua noiva perguntou-lhe o porquê da foto da mulher negra pendurada no corredor. Muito provavelmente este não é um assunto que meu colega menciona a menos que lhe perguntem, já que, para todos os efeitos, não há razão para isso, pois sua aparência é branca e, portanto, ele é branco e a maioria de suas relações é com pessoas brancas que nunca estiveram em sua casa de origem, onde eles também poderiam levantar a mesma questão. Existem aparentemente inúmeras pessoas brancas no hemisfério ocidental, na Europa, na Ásia, na Austrália e na África do Sul, que percebem que têm um parente negro na árvore genealógica, mas aprendem a esquecê-lo, se não escondê-lo, especialmente se eles forem geograficamente móveis, movendo-se bastante longe do lugar de onde são originalmente. E, é claro, se eles forem pessoas poderosas, eles têm o poder de contratar outros para distorcer e destruir registros como certidões de nascimento (como no caso de J. Edgar Hoover) ou relatos publicados com evidência (como o procurador-geral americano que queimou livros contendo evidências de que o presidente Warren G. Harding tinha antepassados de ascendência africana). O caso de Harding se encaixa no padrão do centro-oeste de um "branco negro" que cresceu em uma pequena cidade em Ohio, onde sua família era conhecida como sendo "mestiça", mas que conseguiu, ao deixar a cidade, se passar por branco e se envolveu na política estadual e nacional, fazendo assim com que os rumores persistentes o seguissem até a Casa Branca (ver a biografia marcante e definitiva de Harding por Francis Russell, *The Shadow of Blooming Grove: Warren Harding in His Times*. Nova York: McGraw Hill, 1968).

10 Embora haja uma pequena literatura histórica e uma crescente literatura contemporânea sobre se passar por branco situacionalmente nos Estados Unidos.

11 Um colega meu afro-americano de uma grande universidade que considera importante "o primeiro negro nessa ou naquela coisa" recentemente anunciou que outro colega afro-americano da sua universidade tinha se tornado o primeiro afro-americano a ser nomeado para uma cátedra na história da universidade. Sabendo bastante sobre a história da sua universidade, fiquei tentado a informá-lo de que havia outro irmão no seu campus, um professor catedrático distinto, que estava lá havia anos, se passando por branco. A tendência nas Sociedades

com Legados da Escravidão Africana a ter tanta preocupação com os "primeiros negros a romperem" diminui imensamente a verdadeira história complexa e paradoxal da racialização em instituições, comunidades e sistemas nas sociedades multirracializadas e como esta tem sido manipulada pelos oprimidos, em muitos casos tão eficazmente que eles têm ainda que ser encontrados.

12 Além dos argumentos sobre a gradação da pele negra no Brasil presentes neste texto, há outro que deveria estar presente aqui. Isto é, como é o caso nas outras Sociedades com Legados da Escravidão Africana, no Brasil, a legitimidade das noções da inferioridade negra tem sido reproduzida em estudos que afirmam que afro-brasileiros não têm etnia e assim, segue-se, não têm também cultura ou história. Este foi o argumento desenvolvido por importantes historiadores brancos nos Estados Unidos até a década de 1960, quebrado pelos livros pioneiros de John Hope Franklin (*From Slavery to Freedom*) e John Blassingame (*The Slave Community*), que demonstraram que afro-americanos tinham de fato uma história que incluía escravos com suas autobiografias. Atualmente, no Brasil, há um movimento forte para desenvolver cânones de escrita histórica afro-brasileira por causa das políticas de ações afirmativas, exigindo que questões afro-brasileiras sejam ensinadas em escolas, assim como de uma mobilização de uma classe média afro-brasileira com consciência étnica. Não obstante, durante o meu seminário da Fulbright na PUC-Rio sobre história ou raça como ideias, uma tarde, nós tivemos uma discussão muito interessante sobre "história étnica". Meus alunos, uma brasileira italiana e um afro-brasileiro, insistiram que brasileiros não olhavam para a história étnica dentro da discussão sobre afro-brasileiros. Contudo, em um dado momento, a aluna brasileira italiana, que se autoidentificava como uma liberal interessada em questões de justiça racial, comentou sobre seus antepassados italianos de uma forma orgulhosa. Perguntei a ela gentilmente se ela achava que afro-brasileiros também tinham o direito de abraçar a história de seus antepassados. Quando ela percebeu que tinha sido pega em seu deslize, começou a retroceder e, quando isso não funcionou, só ficou sentada lá e no dia seguinte deixou o curso.

13 Eu tive duas experiências em um sábado que tanto não confirmam como confirmam o que eu acabei de falar. Às vezes, aparentemente, o preconceito racial no Brasil por parte dos brancos é um motivador tão poderoso que uma pessoa branca não se importa que a pessoa negra seja de classe média e continua tratando-a rudemente. Uma das regras mais fundamentais da etiqueta racial é que brancos sempre são os primeiros, principalmente homens brancos. Eu saía de um avião no Aeroporto Santos Dumont, no Rio, uma manhã, apressado como todos. Levantei do meu assento e saí no corredor e, quando fiz isso, o homem branco atrás de mim tentou avançar. Ao usar meu corpo para

me espremer para dentro, ele disse em inglês (o que significa que ele supôs que eu era americano): "Não posso sair com a minha mulher?", referindo-se a uma mulher logo à minha frente, que era uma mulher de aparência mais velha, então eu não tinha a menor ideia de que estava separando um casal, especialmente porque eles não estavam sentados juntos. Era evidente que o problema não era a sua mulher; era o fato de que eu tive a coragem de passar à sua frente. O que foi interessante também foi a repressão em inglês. Como ele soube que eu era americano? Foi uma suposição racializada de que "como todos os afro-brasileiros são pobres e, portanto, não têm recursos para fazer viagens aéreas, este cara negro deve ser americano". Eu tenho certeza de que, se eu fosse um americano branco, ao invés de me tratar tão grosseiramente, ele teria se curvado e beijado o chão e usado a ocasião para praticar o seu inglês. No entanto, mais tarde no mesmo dia, um afro-brasileiro muito escuro, que é um profissional importante no Rio e no país, me dava uma carona para casa após uma reunião social que ocorrera em um bairro de luxo. Enquanto dirigia pelas ruas residenciais do bairro, ele bateu o seu carro na lateral de um carro dirigido por uma mulher branca. Quase imediatamente, não só a mulher saiu de seu carro, mas também dois homens brancos saíram de seus apartamentos. Meu colega saiu do carro e começou a interagir com todos três. Eu saí também após alguns minutos apenas para dar a ele apoio moral. Quando o fiz, meu colega disse em português que eu não entendia português. O homem mais alto disse "olá" em inglês e começou a me contar histórias sobre seus dias no Harlem engraxando sapatos na estação Grand Central enquanto meu colega resolvia a sua situação com a outra motorista. Após alguns minutos, os dois homens foram embora e os dois motoristas moveram seus carros para esperar a chegada da polícia. Quando a polícia chegou, sendo eu um americano negro em um bairro branco de luxo envolvido em uma cena de acidente de carro, isso não pegava bem para mim. Meu colega deixou o carro e a certa distância começou a falar com os dois policiais e com a outra motorista. Após cerca de meia hora, ele voltou para o carro com os seus documentos e nós fomos embora. Eu perguntei se ele levara uma multa e ele disse que não, não havia problema, já que os seus documentos estavam em ordem. Ele então explicou quão feliz ficara quando os policiais chegaram, já que eles acalmaram a motorista, porque ela estava muito perturbada. Eu imagino que ela tenha ficado furiosa por ele ter sido liberado tão prontamente, especialmente por causa da cor da pele dele. Mas estou convicto de que entre os documentos que ele mostrou para a polícia estava a sua identidade profissional, que o colocava em uma posição de classe mais alta, o que resultou em um tratamento mais suave pela polícia, para consternação da outra motorista, que não conseguia superar a cor de pele dele e o que isso significava para ela como um símbolo de inferioridade.

14 Embora sempre tenha havido negros de pele clara e mesmo negros brancos e pessoas etnicamente brancas vivendo em guetos, favelas e *townships*, em sua maior parte, estes são lugares em que as pessoas são esmagadoramente de pele escura, um verdadeiro marco de como o peso da discriminação econômica e social nas Sociedades com Legados da Escravidão Africana tende a recair nas pessoas de pele escura. Na África do Sul é um pouco mais complexo, já que existem *townships* de mestiços assim como de negros, e é perigoso para membros de qualquer um dos grupos entrar na *township* "errada". Um dia, sem o conhecimento do meu contato na Cidade do Cabo, que era uma mulher mestiça e de classe média, eu me aventurei em uma *township* de mestiços de carro com o meu motorista (escuro) de táxi do Congo. Ela ficou furiosa quando lhe contei o que fiz, já que, segundo ela, poderiam ter me matado, pois eu e especialmente o meu motorista somos negros. Eu tinha, de acordo com ela, sorte de ter saído vivo.

15 Ao discutir categorias socialmente construídas como a de mestiço, é claro que precisamos considerar as construções de relações sincrônicas e interseccionais com outras formas de desigualdade, como as de gênero e de *status* socioeconômico. Sobre o *status* socioeconômico, descobri, por ter amigos mestiços tanto de origens de classe pobre como de classe média na Cidade do Cabo, que a estrutura de classes entre mestiços é rígida quase ao ponto de haver um sistema de classes. Se você é pobre e mestiço, cresceu na *township*, você terá problemas para encontrar um colega mestiço de origem de classe média, que cresceu no subúrbio, não importa a sua situação profissional. Isso também foi observado pela mobilidade efetiva da uma amiga em particular mestiça de Joanesburgo, de origens africana e indiana, que casou com um profissional mestiço da Cidade do Cabo. Na Cidade do Cabo, ela era mestiça, já que era politicamente importante ser dessa identidade, considerando que a Cidade do Cabo é o reduto sul-africano dos mestiços. Quando ela se divorciou e se mudou com seus filhos para Joanesburgo, ela decidiu trocar a sua identidade para mestiça indiana para aumentar sua possibilidade de mobilidade. Funcionou.

16 Na África do Sul, o fingimento racializado de ser branco é muito mais um tabu sustentado, o que resultou em tão pouco ter sido escrito sobre isso. Na melhor das hipóteses, quando se escreve sobre se passar por alguma coisa, é sobre negros tentando se passar por mestiços. O caso mais divulgado sobre se passar por branco na África do Sul cai, na realidade, fora dos limites do que normalmente significa "se passar por". Refiro-me ao caso de Sandra Laing, nascida em 1955, de um casal "branco" *afrikaner* que era membro ferrenho do Partido Nacional e que acreditava no *apartheid*. Por causa de um problema genético retrocedente, Sandra nasceu com traços típicos de ascendentes africanos, com-

pletados pela pele morena, que se tornou mais escura com os anos. Há livros e filmes feitos sobre a sua vida de lutas. Além das possibilidades de retrocesso genético, que muito provavelmente ocorreram na África do Sul como em outras Sociedades com Legados da Escravidão Africana mais de uma vez, deve haver uma série de casos de mestiços de pele clara que se passaram por brancos por gerações durante os anos da colônia e da nação sul-africana.

17 Stanfield II, John H. *W.E.B. Du Bois on Citizenship*, *Journal of Classical Sociology*, 10, 2010: 171-188.

Referências bibliográficas

Bailey, Stanley R. *Legacies of Race: Identities, Attitudes, and Politics in Brazil*. Stanford: Stanford University Press, 2009.

Cell, John. *The Highest Order of White Supremacy*. Cambridge: Cambridge University Press, 1982.

Ellis, Carolyn. *The Ethnographic 1: A Methodological Novel About Autoethography*. Walnut Creek, CA: Alta Mira Press, 2003.

Hamilton, Charles V.; Huntley, Lynn; Alexander, Neville; Guimarães, Antonio Sergio. *Beyond Racism: Race and Inequality in Brazil, South Africa, and the United States*. Boulder, CO: Lynne Reinner Publishers, 2001.

Marx, Anthony W. *Making Race and Nation: A Comparison of South Africa, The United States, and Brazil*. Cambridge: Cambridge University Press, 1998.

Reiter, Bernd; Mitchell, Gladys L. (ed.). *Brazil's New Racial Politics*. Boulder, CO: Lynne Rienner Publishers, 2010.

Stanfield II, John H. *Black Reflective Sociology*. Walnut Creek, CA: Left Coast Press, 2011a.

_____. *Rethinking Race and Ethnicity in Research Methods*. Walnut Creek, CA: Left Coast Press, 2011b.

Telles, Edward. *Race in Another America*. Princeton: Princeton University Press, 2006.

Van den Berghe, Pierre. *Race and Racism: Comparative Perspectives*. Nova York: Wiley, 1967.

A dignidade dos invisíveis: invisibilidade social, reconhecimento e direitos humanos

Bethânia Assy

No embate teórico em torno da relação indivíduo-sociedade, as dicotomias mais correntes são mapeadas entre universalidade formal *versus* localismo substancial; igualdade abstrata *versus* identidades particulares; neokantismo universalista (Rawls, 1999; Habermas, 1998; Benhabib, 1996) *versus* comunitarismo aristotélico-hegeliano (Macintyre, 1984; Walzer, 1983; Taylor, 1991). Refletem as teorias político-filosóficas de maior relevo contemporâneo, cujas contribuições privilegiam tópicos como, por um lado, procedimentalismo normativo-histórico, ideal regulativo, racionalidade instrumental e imparcial, neutralização do político, e, por outro lado, particularismo histórico, contexto cultural específico, racionalidade prática, metodologia empírica (Rasmussen, 1995; Forst, 2002). Em suma, na composição complexa entre indivíduo e sociedade, uma das respostas mais correntes de oposição às práticas argumentativas com pretensão de universalidade tem sido a aposta no relativismo valorativo de diferentes situações históricas, de modo a constituir a comunidade de identidades, frequentemente associada a demandas culturais e à formação de minorias identitárias. Se tomarmos este cenário como ponto de partida, as opções teóricas para problematizar a relação entre indivíduo e sociedade, fundamental à noção de dignidade humana, aparentemente obrigam a eleger entre uma visão de indivíduo abstrato universal, cara à formulação de nossa singularidade e nossa autonomia, e uma concepção de comunidade cujo nível de corporificação (*embodiment*) da noção de pertencimento societário implica necessariamente o estabelecimento de valores culturais identitários.

A noção moderna contratualista de sociedade, baseada na proteção dos direitos individuais (inicialmente, liberdade, vida e propriedade) e na autonomia da vontade, predominou e triunfou não só com o modelo de Estado liberal, mas como gênese e modelo de sociedade. Em sua nervura moderna, simbolizou o desvio do valor da experiência humana da perspectiva do mundo para a interioridade não compartilhada do *self*. A primazia do individualismo não contribuiu, nem contribui, na sua vertente contemporânea deliberativa, à formação e ao fortalecimento da noção de comunalidade, de reconhecimento e de confiança nas relações sociais. Uma primeira aferição imediata deste cenário balizaria uma opção teórica da relação indivíduo e sociedade entre, por um lado, uma concepção de sociedade que aposta na igualdade inominável, que inclui a todos, mas efetivamente não protege a todos, e, por outro lado, uma noção de sociedade que, ao mesmo tempo que define seus sujeitos, estabelece suas identidades. Esta última pode não só implicar a perda da autorreflexão singular individual, a capacidade do sujeito de se autoconstituir, como também nomeia necessariamente quem está fora e quem está dentro de seu escopo de pertencimento a partir de identidades fixas.

A primeira parte deste artigo visa articular, a partir da teoria do reconhecimento de Axel Honneth, uma noção de comunidade que agregue ao mesmo tempo singularidade e alteridade sem o custo de se perder o laço vinculativo, fundamental à noção de pertencimento. Investigar uma concepção de sociedade que conjugue ao mesmo tempo alteridade singular e vínculo comunitário – aqui o argumento central é considerar que a noção de pertencimento, vista sob o viés da teoria do reconhecimento de Honneth, é resultado direto do grau de visibilidade social dos indivíduos. As relações sociais são responsáveis pela formação valorativa da identidade dos sujeitos e do grau de adesão societário.

Na segunda parte o objetivo é avaliar o impacto da teoria do reconhecimento no debate teórico contemporâneo acerca da fundamentação dos direitos humanos, particularmente da noção de dignidade humana. A tese central nessa etapa é demonstrar que a ausência de demanda por distribuição não só implica privação de acesso aos direitos sociais, mas incide diretamente sobre o valor simbólico de estima social dos sujeitos. A privação de acesso a direitos sociais implica igualmente privação de estima social, componente substancial à noção de dignidade humana.

A confirmação social da visibilidade do sujeito

Na epistemologia do reconhecimento (Honneth, 2003a: 26), proposta por Honneth, é central a noção de invisibilidade (*Unsichtbarkeit*). Tornar-se socialmente visível ultrapassa o ato cognitivo de identificação individual (*Erkennen, cognizing*). Visibilidade social pressupõe conferir existência no sentido social, ou seja, implica um ato de reconhecimento (*Anerkennen*, *recognizing*) que expressa a validade social dos sujeitos. *Anerkennen* implica atribuir ao sujeito valor positivo por sua existência e sua visibilidade pública, algo próximo ao que nomeamos respeito, esclarece Honneth. A visibilidade social se dá por meio de expressão pública, na "forma de um processo de regulação recíproca de afeto e atenção" (idem: 17). Tal processo de regulação proporciona a confirmação social da visibilidade do sujeito. Daí o pressuposto de que o reconhecimento possui um caráter performativo, ou seja, trata-se de uma alegoria de uma ação prestacional. O gesto expressivo positivo de visibilidade, ou seja, o ato valorativo de reconhecimento, é um modo de ação.

Na esteira das considerações promovidas por Axel Honneth em *Luta por reconhecimento* (2003b), a potencialização da qualidade socializante da natureza humana em face da concepção egoico-racional, na qual o conceito de luta social hobbesiana, tal qual luta originária por autoconservação, passa a ser considerada como uma etapa na dinâmica ética de um determinado contexto social. O objetivo aqui é fornecer uma alternativa intersubjetiva à gênese solipcista de sociedade. Axel Honneth sistematizou sua teoria do reconhecimento em três etapas: a retrospectiva do modelo conceitual do jovem Hegel em seus escritos de Jena; a reflexão empírica da ideia hegeliana valendo-se da psicologia social de George Herbert Mead (1962) e da teoria das relações de objeto nas experiências da primeira infância de Donald Winnicott (2005); e, por fim, a proposta de uma teoria crítica da sociedade na qual a relação de reconhecimento recíproco estrutura as pretensões normativas. Nessa última parte, Honneth articula um conceito de eticidade (*Sittlichkeit*)[1] próprio à teoria do reconhecimento.[2]

Tendo como ponto de partida os escritos de Jena (*Jenaer Schriften*), Honneth contrapõe o reconhecimento intersubjetivo hegeliano à pretensão kantiana de autonomia individual de puro dever-ser, bem como ao atomismo da tradição contratualista. Uma fundamentação filosófica da sociedade necessita recusar os referenciais atomísticos que estruturam a tradição do direito natural. Hegel critica tanto o empirismo, que considera os atos separados de homens individuais que se somam externamente e, posteriormente, se estruturam em comunidade, quanto o formalismo do conceito de natureza humana apregoado por Kant e Fichte, cuja premissa "natural" seria uma coleção de disposições egocêntricas. Ambas as abordagens incorrem no atomismo ao "pressupor a existência de sujeitos isolados uns dos outros como uma espécie de base natural para a socialização humana" (Honneth, 2003b: 39). Daí se considerar a comunidade ética como que ajustada sob uma base abstrata formada pela mera combinação de muitos. O aspecto insigne da natureza intersubjetiva hegeliana assenta-se no fato de que os membros de uma comunidade reconhecem a manifestação intersubjetiva de suas particularidades nos próprios costumes realizados no espaço público. O termo "costume" (*Sitte*) designa particularmente uma espécie de mediação entre normatividade estatal e convicções morais dos sujeitos isolados. Os comportamentos praticados e efetivados intersubjetivamente, ou seja, "os costumes existentes de fato", devem fornecer uma base sólida ao "sistema de legislação pública" (idem: 41; Assy, 2006: 31-52).

Honneth traça o percurso teórico, embora ainda como projeto embrionário do jovem autor em Jena. Primeiro, a substituição do pressuposto atomista dos sujeitos pelo vínculo social primário dos convívios intersubjetivos, cuja base essencial é a ontologia aristotélica. Segundo, a passagem de uma condição natural de eticidade para a estruturação da sociedade propriamente dita, que, de acordo com Honneth, estaria na contramão da formulação do contrato originário como forma apropriada de superação da natureza egocêntrica humana ou da evolução civilizatória da razão prática (como em

Kant, Hobbes e, mais recentemente, Rawls). Para Hegel é primordial a "existência das obrigações intersubjetivas na qualidade de uma condição quase natural de todo processo de socialização humana" (idem: 43-44). A implicação metodológica de maior relevância se dá na mudança da descrição da dinâmica da vida social de uma perspectiva mecânica e fundacionista de comunidade a uma perspectiva de evolução e desenvolvimento das formas primárias de interação, já inscritas na própria natureza intersubjetiva dos sujeitos. Honneth cita a "coesão orgânica no reconhecimento intersubjetivo da particularidade de todos os indivíduos" como resultado da contraposição constante de pretensões na dinâmica de reconhecimento em um determinado grupo.

Hegel apropria a teoria fichtiana de reconhecimento, substituindo seu elemento transcendental por *ações* intersubjetivas. Segundo Honneth, a guinada hegeliana consiste em potencializar o aspecto social da natureza humana em face do egoico-racional, no qual o conceito de luta social hobbesiana, tal qual luta originária por autoconservação, passa a ser considerado como "um momento do movimento ético no interior do contexto social da vida" (idem: 48). Em *Sistema da eticidade*, o conceito de conflito social, interno à natureza intersubjetiva dos indivíduos, substitui a "luta de todos contra todos" por etapas sucessivas de "reconhecimento inter-humano". Honneth ressalta o efeito prático-moral das relações intersubjetivas. Em *Sistema da filosofia especulativa*, o projeto filosófico político das etapas de reconhecimento de natureza intersubjetiva se desloca para o interior do espírito, fase embrionária da filosofia da consciência, que é plenamente realizada no plano da *Fenomenologia do espírito*.[3]

No esquema teórico do *Sistema da eticidade*, Hegel propõe três etapas de reconhecimento – amor, direito e solidariedade –, reinterpretadas por Honneth a partir da psicologia social de Mead, que também propõe uma tipologia progressiva das formas de reconhecimento: dedicação emotiva, reconhecimento jurídico e assentimento solidário. As distintas etapas de reconhecimento correspondem, respectivamente, a três etapas de autorrealização: autoconfiança, autorrespeito e autoestima.

Para Honneth, o amor como forma primária de reconhecimento recíproco, inicialmente descrito por Hegel, ganha uma dimensão de processo psicológico de desenvolvimento individual por meio da mirada psicanalítica da pediatria de Winnicott. A unidade de relacionamento recíproco primário entre mãe e bebê, desde seus primeiros meses de vida, a "intersubjetividade primária" (idem: 165) e suas sucessivas etapas de desenvolvimento constituem a base intersubjetiva ontológica. Particularmente, no processo que o pediatra inglês denomina objeto transicional: "a mediação ontológica entre a vivência primária do estar fundido e a experiência do estar separado" (idem: 171). Esta esfera de mediação ontológica é o "lugar psíquico" no qual se constituem os interesses que demonstraremos nos mais diversos âmbitos culturais. É a partir da experiência do amor como forma primária de reconhecimento que adquirimos autoconfiança individual, base essencial para a participação do indivíduo na vida pública.

A segunda etapa é a do reconhecimento jurídico, que na nomenclatura de George Mead se dá a partir do conceito de "outro generalizado". Ao reconstruir a teoria de autorrealização prática hegeliana à luz da psicologia social empírica de Mead, Honneth pretende produzir um sistema de eticidade composto por distintas etapas de reconhecimento, correspondentes aos diferentes níveis de autonomia. As relações de reconhecimento mútuo precedem a autorrealização. Ou seja, o nexo entre parceiros sociais de reconhecimento funciona como pré-requisito ao desenvolvimento e à continuidade da autorrealização individual. Só com o pragmatista americano as etapas de reconhecimento assumem uma esfera empírica. Segundo Honneth, Mead é responsável pela passagem da autorrelação epistêmica de Hegel para uma autorrelação prática, cuja preocupação fundamental é a "formação da identidade prático-moral" do sujeito. Mead concebe a constituição prático-moral do sujeito por meio das expectativas normativas incorporadas a partir das soluções intersubjetivas de conflitos. "Com a ampliação do comportamento reativo social até os nexos normativos da ação, o *me* se transforma de uma autoimagem cognitiva numa autoimagem prática" (idem: 133).

Em *Mind, Self and Society*, Mead sistematiza a formação da autoimagem prática do indivíduo a partir da ampliação gradativa do desenvolvimento infantil em duas fases: o jogo (*play*) e a competição (*game*). Na fase do jogo, ocorre a imitação de determinado padrão de comportamento do parceiro concreto de interação. Já na etapa da competição, a criança passa também a simular expectativas generalizadas de comportamento de todos os seus companheiros de interação, a fim de perceber seu próprio papel no contexto da ação. A expectativa normativa da competição é bem mais abrangente, já que a criança precisa ter em si mesma a atitude de todos os outros participantes. Na competição se dá a passagem "das normas sociais de ação de um outro generalizado" (idem:136) à formação da imagem prática da criança. A categoria do "outro generalizado" representa a formação de uma certa unidade de atitudes que passa a controlar nossa reação. Tem-se aqui a sistematização das perspectivas, um processo, segundo Honneth, de socialização em geral por meio de interiorização de normas de ação. Portanto, o processo mesmo de constituição da identidade prático-moral do sujeito se dá a partir da capacidade de interiorizar normas que apontam para aquelas expectativas e obrigações que ele pode autenticamente atribuir aos outros membros. Na filosofia de Habermas (1992), essa etapa corresponderia à introjeção do ideal normativo.

Segundo Honneth, existe de fato um ganho teórico na passagem do conceito genérico de "direito" em Hegel à concepção de "outro generalizado" em Mead. Nesta última os sujeitos incorporam as normas intersubjetivamente reconhecidas em uma comunidade. Uma das características mais relevantes na definição proposta por Hegel de reconhecimento jurídico é a preocupação de demonstrar que a autonomia individual é engendrada no reconhecimento recíproco nas relações jurídicas do ordenamento, embora restrito à teoria da consciência. Tem-se, assim, um grau considerável de pretensão de interesses universalizáveis. Em contrapartida, na contribuição do "outro generalizado" de Mead, o reconhecimento jurídico funciona como "proteção social para a dignidade humana". O reconhecimento jurídico é o reconhecimento efetivo no âmbito do direito positivo de que os outros indivíduos de uma mesma comunidade também possuem direitos. "Direitos são de certa maneira as pretensões individuais das quais posso estar seguro que o outro generalizado as satisfará." E conclui: é exatamente "pela concessão social desses direitos que é possível medir se um sujeito pode conceber-se como membro completamente reconhecido de sua coletividade" (Honneth, 2003b: 137). A dignidade é justamente a *concessão efetiva* de direitos na qual o sujeito se vê reconhecido como membro de uma sociedade. Por meio das considerações de Mead, Honneth chega à formulação de um modo de autorrelação prática no qual o indivíduo se torna seguro do valor social de sua identidade. Tal reconhecimento por parte da comunidade, por meio da concessão de direitos, leva-o a uma atitude positiva para consigo mesmo, o que Mead nomeia de autorrespeito.

Em outra classificação relevante, Mead diferencia as demandas do *eu* das experiências do *me*. A solução para o conflito moral que se estabelece entre o cumprimento das exigências às normas intersubjetivas vigentes do *me* e a autonomia criativa da liberdade individual do *eu* se dá por meio da capacidade de "antecipar uma coletividade na qual lhe cabe uma pretensão do desejo correspondente" (idem: 142). O "outro generalizado" abre espaço para a antecipação do outro generalizado de uma comunidade futura. O resultado é uma maior liberdade de ação, já que esta estaria necessariamente ligada "à suposição contrafática de um reconhecimento ampliado de direitos" (idem). A comunidade futura é traduzida como a ampliação de uma comunidade jurídica, na qual as pretensões da autonomia criativa do *eu* necessitam de conformidade. A antecipação de uma idealização normativa, segundo Honneth, assegura à espontaneidade do *eu* a anuência de uma coletividade em toda práxis social. A conceituação de Mead possibilitou a Honneth substituir a noção de Hegel nos seus escritos de Jena por uma concepção pós-metafísica e naturalista de reconhecimento. Nossa autorrealização prática se concebe a partir de um reconhecimento recíproco de nossos parceiros de interação.

A estima social é a terceira etapa de reconhecimento, na qual os indivíduos adquirem a capacidade de "referir-se positivamente a suas propriedades e capacidades concretas" (idem: 198). Em Hegel, a forma de reconhecimento que proporciona a estima recíproca se dá na concepção mesma de "eticidade". Honneth identifica a mudança histórica do conceito de honra em direção a sua variação moderna: o "prestígio" social. A estima social baseada na honra tinha seu referencial primordial assentado em um esquema valorativo que determinava quais condutas deveriam ser consideradas honrosas, com base nas tradições religiosas e metafísicas. A passagem de valores éticos coletivos às qualidades particulares leva a um "pluralismo axiológico" que Honneth avalia como uma redução gradativa do conceito de honra coletiva à esfera privada, revertendo-se por completo em prestígio social. Reputação ou prestígio passam a ocupar o lugar de destaque de uma nova medida do reconhecimento público. A fase final desse processo conduz, por um lado, à "universalização jurídica da honra na forma de dignidade" (idem, p. 206) e, por outro, à privatização da honra, aquilo que Honneth nomeia de "integridade" subjetivamente definida. A consequência operante desse processo é a elevação do conceito de estima social à luta permanente de diversos grupos por elevar o valor de suas formas de vida, de suas realizações.

A estima social se dá de forma mais direta a partir das identidades coletivas dos próprios grupos, nos quais o "valor social do indivíduo pode ser reconhecido". Daí a relação entre estima social e relações solidárias. O que Honneth denomina de "mecanismo de estima simétrica" é experimentado com a mesma intensidade nas relações de simetria decorrentes de privações, resistência e repressões, a partir da própria privação de acesso. Ou seja, pode-se falar de simetria de ausência de estima social. Os sujeitos estabelecem relações solidárias a partir da falta de acesso a um direito social, por exemplo. As relações solidárias que proporcionam estima social "não despertam somente a tolerância para com a particularidade individual da outra pessoa, mas também o interesse afetivo por esta particularidade" (idem:211). As relações solidárias proporcionam a experiência de que algo que é valioso para a sociedade pode ser sentido como valioso para o próprio indivíduo como membro de uma coletividade. Aqui é significativo observar que o próprio interesse afetivo pelo outro pode ser construído a partir de uma compartilhada ausência de reconhecimento.

Misrecognition e deformação da dignidade humana

Na literatura corrente sobre a dignidade humana dos direitos humanos, pouco privilégio tem-se dado ao impacto da invisibilidade social e da estima social no que tange à definição e às implicações da noção de dignidade. A noção de dignidade humana, capilar aos direitos humanos, sofre implicação direta em face de uma descrição da dinâmica social a partir de etapas sucessivas de formas de reconhecimento recíproco. As relações de reconhecimento mútuo incidem sobre a dinâmica de autorrealização, cara à efetivação da dignidade humana. Aqui a tese central é a de que a teoria do reconhecimento de Honneth aplicada à descrição de violação da dignidade humana permite diagnosticar o enorme impacto da invisibilidade social na dignidade do sujeito e em sua possibilidade de autorrealização. Essa epistemologia do reconhecimento possibilita não só aprofundar o escopo daquilo que se identifica como violação da dignidade humana, como também reconhece caráter performativo às formas de invisibilização social. Para tratar da relação entre reconhecimento e dignidade humana vou privilegiar duas etapas de reconhecimento: reconhecimento jurídico e assentimento solidário, correspondentes, respectivamente, às duas etapas de autorrealização: autorrespeito (e respeito) e autoestima (e estima social).

O reconhecimento nas relações jurídicas opera como a "proteção social para a dignidade humana" (idem: 181). Duas implicações devem ser observadas no reconhecimento do ordenamento jurídico. Tanto a internalização da ideia de pertencimento social quanto a formação valorativa de nossa autoimagem dependem do nível de visibilidade social. No primeiro caso, a capacidade de interiorizar normas que reproduzem expectativas e obrigações atribuídas a todos os membros de uma coletividade depende do impacto prestacional real dos direitos. No nível do reconhecimento jurídico, a identificação entre indivíduo e sociedade se verifica no acesso concreto a direitos. Ainda que normativamente introjetados a partir da internalização desse "outro generalizado" apregoado por Mead, o reconhecimento jurídico está sujeito ao reconhecimento efetivo, no âmbito do direito positivo, de que todos os indivíduos da mesma comunidade de fato também possuem direitos. É por meio da concessão desses direitos que é possível aferir se um sujeito pode conceber-se como membro reconhecido. A segunda implicação, decorrente da primeira, revela que o processo mesmo de constituição da identidade prático-moral do sujeito se dá a partir da própria interiorização de tais normas. Por conseguinte, a constituição valorativa de nossa autoimagem depende da concessão afetiva dos direitos. Sendo assim, tanto no processo de internalização da regra generalizada quanto no impacto que essa imprime sobre a construção valorativa da imagem do próprio sujeito, é crucial que o ordenamento de fato promova acesso a direitos e não apenas anuncie sua promessa normativa.

O nível de reconhecimento conferido pela relação jurídica não se encerra com o caráter de validade universal. Não é suficiente a mera introjeção de um horizonte normativo regulatório comum. Ou seja, a igualdade formal a todos garantida pelas formulações dos direitos fundamentais dos ordenamentos jurídicos, caros à fundamentação dos direitos humanos, não é suficiente. A inclusão e o acesso factual aos direitos fortalecem a confiança no próprio ordenamento jurídico e, ao mesmo tempo, superam o patamar meramente normativo, abstrato e procedimental no qual a fundamentação dos direitos humanos vem sendo majoritariamente compreendida. Tal aspecto, de certa forma, permanece um tanto tímido na teoria do reconhecimento em Honneth.

No caso do reconhecimento jurídico, a autorrealização prática se concebe a partir de um reconhecimento recíproco dos parceiros de interação. Traduz-se na experiência do respeito e na construção simbólica do próprio autorrespeito. O indivíduo se torna seguro do valor social de sua identidade. Tal reconhecimento por parte da comunidade, por meio da concessão de direitos, leva-o a uma atitude positiva para consigo mesmo. Honneth assinala que a ausência de reconhecimento jurídico ameaça a personalidade do sujeito em sua integridade social.

Ou seja, a negação de reconhecimento jurídico, ao produzir privação de direitos e exclusão, afeta também, e de forma invisivelmente substancial, a capacidade dos sujeitos de se constituírem como indivíduos dotados de respeito por si próprios e merecedores de respeito por parte da sociedade, além de atrofiar o sentimento de pertencimento societário, fundamental aos direitos humanos.

As relações jurídicas não comportam toda a dimensão de reconhecimento social. A forma de reconhecimento que corresponde à estima é o que Honneth nomeia de comunidade de valores, responsável pela construção do valor social do sujeito. É nessa etapa que os indivíduos adquirem a capacidade de referir-se positivamente às suas propriedades e capacidades concretas. O lugar que socialmente ocupa na sociedade promove "o sentimento do próprio valor" (idem: 210) do sujeito. A confiança emotiva que experimenta ao ver suas realizações reconhecidas pela práxis comum impacta profundamente o grau de autoestima que o sujeito confere a si mesmo.

Honra social e dignidade são os valores edificados pelo reconhecimento social do sujeito no espaço público. Honneth aponta como, nas sociedades burguesas e em seus processos de privatização da vida pública, o lugar que tais valores ocuparam na esfera comum foi paulatinamente se adelgaçando até se transformar em valores tais como reputação ou prestígio. Estes dois últimos passaram a ocupar o lugar de destaque de uma nova medida do reconhecimento público. Aqui não cabe avaliar a genealogia histórica das finalidades éticas.[4] Relevante é assinalar que a visibilidade social conferida pela reputação e pelo prestígio se traduz diretamente em carga semântica valorativa da atribuição de honra e dignidade.

Outro aspecto crucial, esclarece Honneth, é a presença constitutiva dos confrontos econômicos na luta por reconhecimento. George Simmel (1972) ressalta que a capacidade de estima social está diretamente associada a padrões de distribuição de renda (Honneth 2003b: 208), o que, no vocabulário de Nussbaum, se entende como base material para a dignidade humana: vida digna de respeito e cuidado. O valor social do trabalho de cada sujeito, atribuído pela comunidade, figura como fundação social das habilidades humanas (Nussbaum 2004; 1995). Em consequência, o valor social atribuído a cada trabalho é reflexo direto do seu valor mercadológico. Quanto maior o valor monetário agregado ao que faço, maiores o prestígio e a reputação social a mim atribuídos. Mead nomeia isso de "divisão funcional do trabalho", que não pode ser considerada um "sistema axiologicamente neutro" (Honneth, 2003b: 152).

Como já dito anteriormente, a fase final desse processo conduz, por um lado, à universalização jurídica da honra na forma de dignidade e, por outro, à privatização da honra, aquilo que Honneth nomeia de integridade subjetivamente definida. A consequência operante desse processo é a elevação do conceito de estima social a uma luta permanente de diversos grupos por elevar o valor de suas formas de vida. A forma de reconhecimento que proporciona a estima recíproca se dá na concepção mesma de eticidade. A luta por reconhecimento se dá a partir de mecanismos de estima simétrica, ou seja, por meio de relações de simetria decorrentes de privações, resistências e repressões, a partir da própria privação de acesso. Um exemplo de assimetria negativa seriam justamente as relações solidárias que se estabelecem a partir da negação do *status* positivo atribuído a um determinado trabalho.

Na dinâmica da *misrecognition* proposta por Honneth (2007), as formas de desrespeito nessa etapa de reconhecimento da estima social são degradação, ofensa e humilhação. Em alemão, Honneth usa a palavra *Kränkung*. Remete propositalmente ao termo *krank*, que significa doente, enfermo, de forma a estabelecer um paralelo entre enfermidade física e enfermidade psicossocial. A humilhação social na forma de desvalorização do lugar que ocupamos socialmente e em que desenvolvemos nossas habilidades se traduz tanto na forma desrespeito quanto na forma de degeneração de nosso próprio potencial de autorrealização.

A invisibilidade social e a falta de reconhecimento não só se denunciam factualmente por meio de privação material, mas também mutilam e deformam o processo de subjetivação e autorrealização. Essa espécie de morte social implica uma violação profunda da dignidade humana. Determinados grupos sociais – por decorrência da própria depreciação do lugar social a eles destinado, ou seja, por sua invisibilidade na hierarquia social – ocupam justamente o lócus não mediado da universalidade, lugar "privilegiado" dos direitos humanos. Zizek (2010: 215) aponta que eles são aqueles que Rancière nomeia de "a parte de não parte" do corpo social. Assim se dá a imbricação entre a perversão das relações materiais e a perversão subjetiva da dignidade do sujeito, problemática vital aos direitos humanos.

Notas

1 Para uma discussão sobre a gênese e os desdobramentos contemporâneos da noção de *Sittlichkeit,* veja-se: Hyppolite, 1974; Pinkard, 1994; Taylor, 1991; 1975; 1975.

2 As fontes hegelianas mais relevantes do modelo conceitual de "luta por reconhecimento" elaborado por Honneth são os escritos de Jena (*Jenaer Schriften*): *Sistema de eticidade* (*System der Sittlichkeit*, 1802/1803), *Sistema da filosofia especulativa* (*Systeme der spekulativen Philosophie*, 1803/1804, anteriormente intitulado *Jenenser Realphilosophie I*), e, por fim, *Jenenser Realphilosophie II* (1805-1806).

3 Como assinala Honneth, dentro da teoria da eticidade de Hegel, a luta por reconhecimento passa a ser considerada como evolução da constituição do espírito. Ao descartar a concepção aristotélica de intersubjetividade preconcebida, o processo de individualização perde seu elemento socializador ontológico, de "história da sociedade" tal qual sucessão de ações intersubjetivas dos indivíduos. Na teoria da consciência, a luta por reconhecimento deixa de ser um elemento constitutivo tanto das transformações sociais quanto da "formação da consciência individual do indivíduo". Têm-se apenas "etapas de automediação da consciência individual" (2003b: 65). Em *Jenenser Realphilosophie II*, Hegel promove a conversão final da noção de "luta por reconhecimento" de uma teoria da eticidade política para uma teoria da consciência. Embora presente em textos posteriores, como em *Fenomenologia do espírito*, a luta pelo reconhecimento passa a não mais ocupar lugar central na reflexão teórica do autor. Entretanto, não se pode deixar de levar em consideração os textos tardios de Hegel, de que o próprio Honneth faz uso para desdobramentos posteriores de sua teoria do reconhecimento. Veja-se Honneth (2000; 2001).

4 Honneth aponta a contribuição significativa na compreensão desse processo de individualização da estima social do trabalho de Speier (1952: 36).

Referências bibliográficas

ASSY, Bethania. Can We Be Fully at Home in Our Actions? Accomplishing Embodiment Through *Sittlichkeit* in Law in Hegel's *Phenomenology of Spirit*. In: *Revista da Faculdade de Direito de Campos*, V.VII, 2006: 31- 52.

BENHABIB, Seyla. *Democracy and Difference – Contesting the Boundaries of the Political*. Princeton: Princenton University Press, 1996.

FRASER, Nancy; HONNETH, Axel. *Redistribution or Recognition? A Political--Philosophical Exchange*. Londres: Verso, 2003.

FORST, Rainer. *Contexts of Justice – Political Philosophy beyond Liberalism and Communitarianism*. Tradução de John Farrell. Berkeley: University of California Press, 2002.

HABERMAS, Jürgen. *The Inclusion of the Other. Studies in Political Theory*. Boston: MIT Press, 1998.

_______. Individuation through Socialization: On George Herbert Mead's Theory of Subjetivity. In: *Postmetaphisical Thinking – Philosophical Essays*. Traduzido por William Mark Hohengarten. Cambridge, MA: MIT Press, 1992.

HEGEL, G.W.F. *Phenomenology of Spirit*. Tradução de A.V. Miller. Oxford: Oxford University Press, 1977.

_____. *Philosophy of Right*. Tradução e notas de T. M. Knox. Londres; Oxford; Nova York: Oxford University Press, 1967.

HYPPOLITE, Jean. *Genesis and Structure of Hegel's Phenomenology of Spirit*. Tradução de Samuel Cherniak e John Heckman. Evanston: Northwestern University Press, 1974.

HONNETH, Axel. *Disrespect – The Normative Foundations of Critical Theory*. Cambridge: Polity Press, 2007.

_____. *A luta por reconhecimento – A gramática moral dos conflitos sociais*. Tradução de Luiz Repa. São Paulo: Editora 34, 2003b: 155-211.

_____. *Unsichtbarkeit – Stationen einer Theorie der Intersubjektivität*. Frankfurt: Suhrkamp, 2003.

_______. Unsichtbarkeit – Über die Moralische Epistemologie von Anerkennung. In: *Unsichtbarkeit – Stationen einer Theorie der Intersubjektivität*. Frankfurt: Suhrkamp, 2003a: 26.

_____. *The Pathologies of Individual Freedom. Hegel's Social Theory*. Tradução de Ladislaus Löb. Princeton: Princeton University Press, 2001.

_____. *Suffering from Indeterminacy – An Attempt at a Reactualization of Hegel's Philosophy of Right.* Tradução de Jack Ben-Levi. Amsterdã: Van Gorcum, 2000.

MACINTYRE, Alasdair. *After Virtue.* Notre Dame: University of Notre Dame Press, 1984.

MEAD, George Herbert. *Mind, Self, & Society – from the Standpoint of a Social Behaviorist.* Chicago; Londres: The University of Chicago Press, 1962.

NUSSBAUM, Martha. *Frontiers of Justice – Disability, Nationality Species Membership.* Massachusetts: Harvard University Press, 2006.

_____. *Hiding from Humanity – Disgust, Shame, and the Law.* Princeton: Princeton University Press, 2004.

_____. *Poetic Justice – The Literary Imagination and Public Life.* Boston: Beacon Press, 1995.

O'NEILL, John (ed.). *Hegel's Dialectic of Desire and Recognition.* Nova York: State University of New York Press, 1996.

PLESSNER, Helmuth, *The Limits of Community – A Critique of Social Radicalism.* Tradução de Andrew Wallace. Nova York: Humanity Books, 1999.

PINKARD, Terry, *Hegel's Phenomenology – The Sociality of Reason.* Cambridge: Cambridge University Press, 1994.

RASMUSSEN, David (ed.). *Universalism vs. Communitarianism: Contemporary Debates on Ethics.* Boston: MIT Press, 1995.

RAWLS, John. *A Theory of Justice.* Edição revisada. Cambridge: Harvard University Press, 1999.

SIMMEL, Georg. *Georg Simmel on Individuality and Social Forms.* Editado por Donald Levine. Chicago: University Of Chicago Press, 1972.

SPEIER, Hans. Honor and Social Structure. In: *Social Order and the Risks of War.* Nova York, 1952: 36.

TAYLOR, Charles. *The Ethics of Authenticity.* Cambridge: Harvard University Press, 1991.

_____. *Sources of the Self – The Making of the Modern Identity.* Cambridge, Massachusetts: Harvard University Press, 1989.

_____. *Hegel.* Cambridge: Cambridge University Press, 1975.

_____. *Hegel and Modern Society.* Cambridge: Cambridge University Press, 1975.

TÖNNIES, Ferdinand. *Community & Society.* Tradução e edição de Charles P. Loomis. Nova York; Evanston; Londres: Harper Torchbooks, 1957.

WINNICOTT, Donald. *Playing and Reality*. Londres: Routledge, 2005.

WALZER, Michael. *Spheres of Justice – A Defense of Pluralism and Equality*. Nova York: Basic Books, 1983.

WILLIAMS, Robert R. *Recognition – Fichte and Hegel on the Other*. Nova York: State University of New York Press, 1992.

WOOD, Allen W. *Hegel's Ethical Thought*. Cambridge: Cambridge University Press, 1990.

ZIZEK, Slavoj. How to Begin from the Beginning. In: DOUZINAS; ZIZEK (org.). *The Idea of Communism*. Londres; Nova York: Verso, 2010: 215.

Novos meios, direitos culturais, direitos de propriedade intelectual e novos ativismos

George Yúdice

Este ensaio vai tratar dos direitos culturais e, inicialmente, será necessário fazer algumas observações sobre a mudança no conceito de cultura e, como argumento no meu livro *A conveniência da cultura* (2005), sua conversão em recurso. Hoje em dia, qualquer debate sobre cultura também tem que levar em conta a análise dos direitos de propriedade intelectual, sobretudo os direitos autorais, já que quase toda a cultura pode ser videogravada e emitida on-line, o que requer algum tipo de licenciamento. Considero, por último, os novos movimentos sociais relacionados à cultura, que tratam todas estas questões.

Direitos humanos

Os direitos culturais têm sido chamados de a "Cinderela" dos direitos humanos (Donders, 2007: 232). Essa caraterização pode-se estender a todos os direitos econômicos, sociais e culturais, que alguns classificam como a segunda geração de direitos humanos e que foram especificados no Pacto Internacional dos Direitos Econômicos, Sociais e Internacionais em 1966. Esses direitos, juntamente com o Pacto Internacional dos Direitos Civis e Políticos e seus dois protocolos facultativos, constituem a Carta Internacional dos Direitos do Homem, que é a elaboração da primeira Declaração Universal dos Direitos Humanos, logo após a Segunda Guerra Mundial (1948).

Costuma-se dividir os direitos em uma primeira geração de direitos negativos e uma segunda de direitos positivos. Os direitos civis e políticos – liberdade de expressão, liberdade de religião, julgamento justo, direito ao voto, dentre outros – são negativos no sentido de que o sujeito não deve ser compelido por ou submetido à ação de outra pessoa, grupo ou instituição (por exemplo, o governo). Quer dizer, implicam a ausência de coerção. Os direitos econômicos, sociais e culturais, ao contrário, requerem a ação positiva do Estado para assegurar a sua satisfação, provendo recursos para a educação pública, para o emprego, além da garantia de um padrão mínimo de vida, com segurança, serviço de saúde e previdência social. Fala-se também de uma terceira geração de direitos que ainda não estão estabelecidos no direito internacional, como o direito a um meio ambiente limpo, ao desenvolvimento econômico, social e cultural sustentável, à paz, ao patrimômio comum, à assistência humanitária e à comunicação. Os direitos da primeira geração são mais fáceis de legislar, pois não precisam de recursos da mesma natureza que os de segunda e terceira geração. Outra diferença entre essas gerações de direitos é que a primeira tem a ver com indivíduos e as segunda e terceira gerações, com coletividades, ou mesmo toda a população do mundo. Na verdade, a terceira geração vai além das duas primeiras na medida em que requer não só a ação do Estado, mas também acordos e coordenação entre Estados, inclusive em escala global.

Creio, porém, que é um simplismo dividir assim os direitos em diferentes gerações. Deve ser evidente que para desfrutar de um direito supostamente negativo, como a liberdade de expressão, pode ser necessário um direito da segunda geração, como a educação, sobretudo se a expressão vai se emitir em esferas públicas onde haja possibilidade de influir em decisões. Também pode-se requerer um direito de terceira geração, como o direito à comunicação na era dos grandes monopólios nas tecnologias de informação e de comunicação (TIC). Ou, para expressar opinião, os sujeitos submetidos ao legado colonial e pós-colonial precisam do reconhecimento do seu valor cultural para ter a confiança de participar na vida pública. Assim, vamos chegando mais perto do tema que quero abordar neste artigo: a imbricação de direitos pensados de maneiras diferentes em diversas épocas. É geralmente aceito que os primeiros direitos derivam do pensamento iluminista, tal como se explicitou na Declaração dos Direitos do Homem e do Cidadão da França e na Declaração de Direitos dos EUA, ambas de

1789; que a segunda geração deriva das lutas de classe na era industrial ao longo do século XIX e das primerias décadas do XX; e que a terceira geração tem a ver com a globalização.

Entre a segunda e a terceira gerações de direitos ocorreram os movimentos de descolonização, que questionaram os padrões das primeira e segunda gerações, estabelecendo a importância do direito às suas próprias instituições de informação *versus* a concentração da mídia, a comercialização da informação e o acesso desigual à informação e à comunicação, que estabeleceram os conglomerados midiáticos da Europa e dos EUA. O movimento para a Nova Ordem Mundial da Informação e Comunicação (NOMIC) dos países não alinhados foi fundamental não só para redistribuir e equilibrar os fluxos de informação entre países ricos e subdesenvolvidos, mas também para estabelecer o princípio da soberania cultural dos países em desenvolvimento dentro de um novo panorama de diversidade cultural que começa a ser debatido em foros internacionais nos anos 1980. Esse é o começo da relação entre direito cultural e diversidade cultural. O título do Relatório McBride – *Um mundo e muitas vozes* –, publicado pela UNESCO em 1980, indica o caminho do ativismo comunicacional e cultural que se instala na UNESCO nesses anos (MacBride Commission, 1980), razão pela qual os EUA e o Reino Unido abandonaram a instituição no meio da década e suspenderam quase 30% do financiamento da organização.

Voltando à questão das gerações, o importante não são os limites temporais delas, senão o reconhecimento da necessidade de repensar e estender a noção mesma de direito a cada acontecimento histórico e inovação tecnológica. No século XVIII os direitos podiam parecer naturais e autoevidentes, como se lê na Declaração de Independência dos EUA. Mas ao final da Segunda Guerra Mundial e, logo depois, durante a descolonização e o período de afirmação da soberania nacional, e mais ainda durante as crises econômicas e a reestruturação econômica global dos anos 1980 e 1990, o que se entende por comunicação e por cultura vai mudando, encontrando-se numa luta entre a tendência do capital de tornar-se proprietário e privatizar tudo e os movimentos sociais de procurar a garantia do bem-estar para os países em desenvolvimento e para as minorias dentro dos países desenvolvidos. Nesse contexto, os direitos já não se caraterizariam como verdades autoevidentes, mas como construtos sociais que devem ser justificados, e em torno dos quais deve-se lutar. Na verdade, isso se faz evidente com os movimentos que procuram reconhecimento. Na verdade, sempre foi assim. Os direitos civis e políticos que surgiram no Iluminismo caraterizaram-se pela luta entre o absolutismo e a procura de soberania da burguesia em nome dos povos. Logo os direitos econômicos e sociais definiram-se no contexto da luta entre o capitalismo industrial e o socialismo e os movimentos proletários. Os direitos de comunicação e cultura começaram a se definir durante o período da descolonização e com os movimentos sociais. E agora todos os direitos estão sendo rearticulados na era do comércio global, no auge do capitalismo cognitivo, com a digitalização de qualquer patrimônio e a concomitante proprietarização de tudo, defendida pelos direitos de propriedade intelectual, que por sua vez são o aval da sociedade da informação e do capitalismo cognitivo.

Tratados de livre comércio, capitalismo cognitivo, propriedade intelectual, cultura e a reivindicação de novos direitos

A situação é de grande complexidade, de grandes desafios, como se especifica no título desta coletânea. Tanto o conceito de direito quanto a ideia de cultura estão se rearticulando. Já a descolonização tinha questionado o universalismo desses direitos e logo os pós-estruturalistas desconstruíram o que se entende por humano. Além disso, os direitos civis e políticos, antigamente definidos em relação à cidadania num Estado-nação, entram em conflito na fricção que se produz entre um capital cada vez mais móvel e as crescentes restrições aos fluxos da mão de obra, sobretudo nos países em desenvolvimento. Isso explica, por exemplo, os ataques atuais ao multiculturalismo na Europa e nos EUA, como constatamos nas recentes declarações a respeito da falência do multiculturalismo por parte de líderes como Angela Merkel e

David Cameron, ou nas legislações anti-imigrante em estados como Arizona e Alabama. Não é por acaso que esses mesmos países são os que promovem as novas leis que facilitam o livre fluxo do capital, da propriedade intelectual blindada pelas leis da OMC, pelo FMI e pelos acordos comerciais. A seguir, alguns dos fatores que explicam por que a cultura vira protagonista e vira assunto de políticas mais sérias do que antes.

> O protagonismo cultural/simbólico surge no seguinte contexto econômico, social e político:
>
> Movimentos de afirmação e pelo reconhecimento: políticas de identidade (e logo as guerras culturais nos anos 1980 nos EUA e posteriormente em outros países);
>
> Crise econômica, políticas de ajuste estrutural, nova divisão internacional do trabalho e da produção;
>
> Desregulação, privatização, monetarização, reduções de orçamento;
>
> Produção flexível, inovação tecnológica e substituição de mão de obra, maquiladoras (fábricas de ensamblagem);
>
> Reforço de um novo regime de proteção de direitos de propriedade intelectual;
>
> Nova economia informacional, TICs etc.
>
> Queda da taxa de renda na produção de bens e serviços;
>
> Tratados de Livre Comércio (TLCs) como estratégias de competitividade perante a globalização; diferenciação local.

Sem entrar em todos os detalhes, pode-se dizer que o trabalho cognitivo e a produção simbólica e intangível têm um papel importante nos acordos de livre comércio, sobretudo na negociação do famoso TRIPS, ou Acordo Relativo aos Aspectos do Direito da

Propriedade Intelectual Relacionados com o Comércio (ADPIC), que concluiu a rodada do Uruguai do Acordo Geral sobre Tarifas e Comércio (GATT). O TRIPS reforçou as leis que protegem os aspectos intangíveis dos produtos (por exemplo, a música contida em um pedaço de plástico ou a narrativa que é portada nas folhas de um livro), numa época em que copiar virou mais fácil e em que as empresas promoviam (e continuam promovendo) medidas mais estritas e em escala global para acabar com a pirataria. O TRIPS requeriu que todos os países assinantes da OMC armonizassem suas leis de propriedade intelectual para proteger a produção intangível gerada nos países economicamente fortes. Isso foi feito, em muitos casos, em detrimento de assuntos de importância nacional para os países menos fortes, como a produção de medicamentos críticos para a saúde pública, como foi a questão da produção de genéricos mais baratos para combater o HIV no Brasil, resolvida para permitir essa produção genérica, mas que não mudou o regime de proteção. Ao contrário, os países em desenvolvimento vêm se acomodando a esse regime para evitar represálias comerciais dos países mais fortes. Até certo ponto, os países do G-20 e do BRIC oferecem um certo nível de resistência.

Vou fazer um breve parêntese antes de continuar com a relação entre capitalismo cognitivo, propriedade intelectual, cultura e a reivindicação de novos direitos. Mas, antes, devo explicar que o contexto do qual venho falando também afeta a maneira como certos grupos fazem as suas reivindicações. Se há poucos anos recorria-se às práticas de cidadania cultural para as reivindicações, hoje em dia se busca o reconhecimento nos termos do capitalismo cognitivo e um conjunto de conceitos relacionados às leis de propriedade intelectual. Por exemplo, se antes as práticas herbais estavam vinculadas aos rituais comunitários, hoje em dia essas tradições são caraterizadas como fontes de inovação para compatibilizá-las com os protocolos das leis de propriedade intelectual, segundo as quais só a inovação estabelece valor. O patrimônio cultural, portanto, passa a ser um valor registrável no direito de propriedade intelectual.

Se os grupos indígenas, por exemplo, não estabelecessem esse direito, os operadores de turismo e as empresas de suplementos e cosméticos, que vendem serviços de *lifestyle* e produtos de beleza que usam as tradições indígenas como parte do seu *branding* e das suas marcas registradas, poderiam deixar fora do lucro os geradores do valor. Até a ideia mesma de direito humano vira parte do *branding*, como vemos abaixo na publicidade do Body Shop.

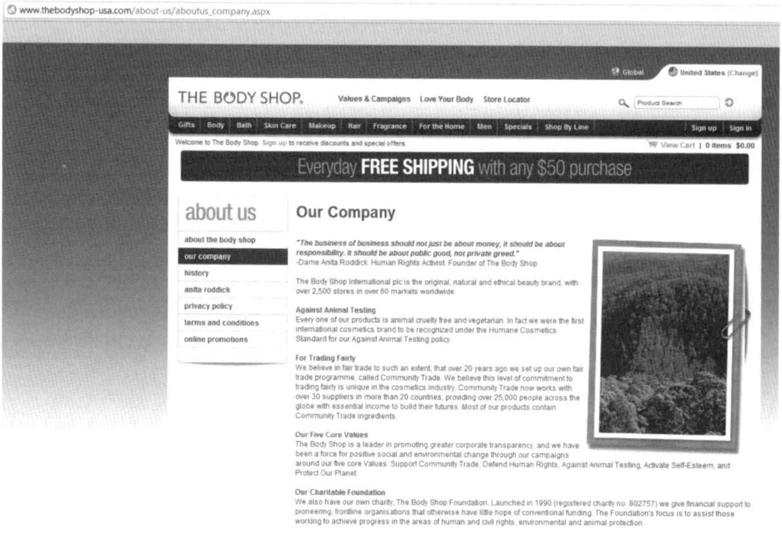

Ironicamente, para se defender em casos como esses, os povos indígenas, que não acreditam na propriedade individual, acabam recorrendo à lei da propriedade intelectual, registrando conhecimentos, práticas e expressões culturais como obras inovadoras (é o caso das pinturas oníricas – *dream paintings* – dos aborígines australianos e das músicas tradicionais ao redor do mundo).

Como disse inicialmente, na atualidade, a cultura é tratada como recurso tanto econômico quanto sociopolítico. Isso tem a ver, em parte, com aqueles fatores descritos anteriormente. O quadro seguinte mostra uma síntese de algumas das definições de cultura ao longo dos últimos dois séculos e meio. O que se vê é que a maioria das definições prévias à nossa época focalizam o valor do sujeito no que diz respeito a sua competência cultural, seja em relação aos valores edificantes ou espirituais (Kant, Schiller, Hegel, dentre outros), ou à integração à sociedade (Ortiz, Freyre, Park, Parsons), ou a questões ideológicas (Gramsci) ou ainda de valoração em termos de classe social (Bourdieu). As belas-artes desempenham um papel importante nessas concepções de valor.

Compreensões da cultura

Idealista-esteticista	A cultura é o meio de enaltecimento e da transcendência (Kant; Schiller; Hegel)
Histórico-universal	Conjunto dos conhecimentos e saberes acumulados pela humanidade (Klemm; Tylor)
Volkskultur, folclore, Nacional-popular	Riqueza humana que caracteriza gênio de cada povo (Herder; Grimm; Thom)
Epifenômeno classista	A cultura, como elemento da super-estrutura, é um simples reflexo da posição de classe (Marxismo "vulgar")
Cultura como via de integração funcional-estrutural consolidação nacional via mestiçagem	A cultura é o meio de integração de grupos heterogêneos (cujo encontro num país deve-se às migrações, p. ex. o crisol ou mestiçagem em Park ou funcionalismo estrutura de Parsons) Contraponto transculturador de novas formações nacionais (F. Ortiz; G. Freyre)
Cultura de massas/ indústrias culturais	Rejeição porque banaliza (Nietzsche), engana e acomoda a consciência ao mercado (Adorno) Constatação do efeito transformador do *sensorium* (Benjamin) Alegação de que o receptor tem agência e pode descodificar criticamente (De Certeau; Martín Barbero)
Conflito ideológico	A cultura é o espaço do conflito ideológico, p. ex. culturas contra-hegemônicas vs hegemônicas (Gramsci; pluralismo cultural estadunidense)
Distinção	As classes dominantes acumulam "capital cultural" para se distinguir das outras classes sociais (Bordieu)
Cultura como disciplina	As instituições culturais (escola, museu, feira etc.), como as outras instituições sociais (psiquiatria), internalizam o controle na passagem da soberania à sociedade burguesa (Foucault; Bennett; Hunter)

Recurso	Para a paz e a cidadania e o desenvolvimento sustentável integral: cultura como animador das outras áreas. A cultura como recurso para promover a transversalidade no desenvolvimento sustentável. A criatividade, que ensaia nas práticas culturais, deve permear todas as outras áreas da vida, sensibilizando-as à inclusão e a participação de todos (UNESCO; A. Sen; Cooperação Internacional) Para o desenvolvimento econômico: indústrias criativas (Landry; DCMS-Creative Industries Mapping)

Na nossa época, a cultura na sua diversidade de acepções, desde as práticas populares às tecnológicas, é empoderadora no que diz respeito à geração de valor econômico ou de valor cidadão. Quer dizer, vira recurso.

Cabe observar, com respeito aos direitos culturais: quando é mencionada, pela primeira vez, a noção de cultura em um documento internacional, ela faz referência à comunidade, às artes e à ciência. Também se declara a proteção dos direitos autorais das artes e da produção científica, mas não se diz nada a respeito das práticas e das tradições da "vida cultural da comunidade", provavelmente porque ainda não se tinha desconstruído a autoria e, em todo caso, só se considerava autor o indivíduo. Comunidade, nesta declaração, ainda tem o sentido essencialista do fim do século XVIII, misturado com o sentido antropológico da primeira metade do século XX. As artes referem-se à transcendência característica do século XIX e à distinção, no sentido de Bourdieu, que dá valor à pessoa e que permite diferenciar-se socialmente.

A cultura como recurso é uma faca de dois gumes: por exemplo, o turismo cultural pode apoiar a continuidade de certas tradições quando faltam outros recursos de sustentabilidade, mas também pode contribuir para a banalização dessas tradições. Esse é um dos temas do qual se encarrega o Comitê Intergovernamental sobre Propriedade Intelectual e Recursos Genéticos, Conhecimentos Tradicionais e Folclore (IGC) da Organização Mundial de Propriedade Industrial (Ompi). Esse comitê já propôs emendas aos direitos de propriedade intelectual

(DPI) ou novos DPI para reforçar o desenvolvimento sustentável dos povos indígenas em relação às expressões culturais tradicionais.

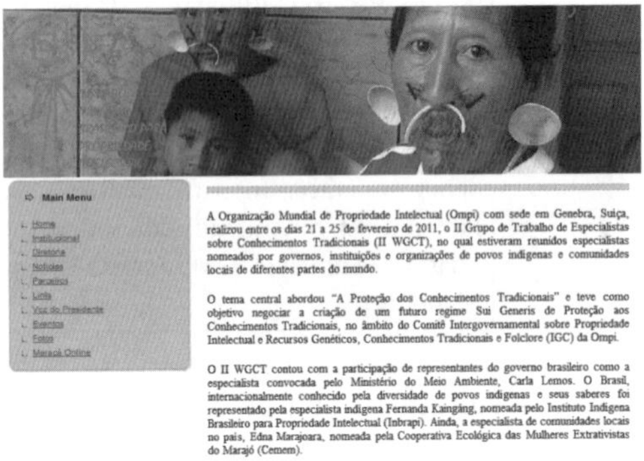

Instituto Indígena Brasileiro para a Propriedade Intelectual, s.d.

Essas propostas visam (1) preservar e salvaguardar o patrimônio cultural intangível, (2) promover a diversidade cultural, (3) garantir o respeito aos direitos culturais e (4) promover a criatividade e a inovação, inclusive a que se baseia na tradição (Coombe et al., 2007: 914). Essas propostas são necessárias para impedir que o capitalismo cognitivo continue disponibilizando formas culturais tradicionais para tipos de apropriação cultural e comercial que são injuriosos, mas integram os usários ao regime da propriedade intelectual.

Essas propostas se valem de princípios legais como *copyright*, direitos morais, direitos de execução, concorrência desleal, marca registrada, certificação e as marcas coletivas, obrigação fiduciária, rotulagem para o consumidor e gerenciamento de domínio público; e são equilibradas por exceções conhecidas no regime dos direitos de propriedade intelectual. Mas o princípio norteador é a valorização da diferença cultural: "A proteção deve responder ao caráter tradicional das expressões culturais tradicionais (ECT) e expressões do folclore (EF), ou seja, a seu caráter coletivo, comunitário e intergeracional; a sua relação com a identidade e integridade cultural e social, com as crenças, a espiritualidade e os valores da comunidade; a sua qualidade de veículos da expressão religiosa e cultural; e a seu caráter em constante evolução dentro das comunidades" (IGC, 2005, 18; cit. em Coombe et al., 2007: 915).

Nesses casos, os direitos de propriedade intelectual (DPI) são usados para proteger não só os direitos culturais das comunidades tradicionais, mas também os outros direitos vinculados aos culturais: os direitos econômicos, assim como os direitos civis e políticos, que dependem da manutenção dessas comunidades. O argumento dos especialistas nesse tema é que os mesmos DPI, que garantem hoje em dia o funcionamento de um novo regime de produção e acumulação baseado na apropriação do valor simbólico e dos recursos culturais e criativos, devem adaptar-se às necessidades dos que até agora foram excluídos da sua proteção.

Mas os direitos culturais e o princípio de diversidade cultural que esses direitos defendem não se aplicam somente às comunidades minoritárias. Eduard Delgado, um dos grandes gestores culturais da Espanha e da Europa, elaborou a ideia de *segurança cultural* como um direito, entre outras coisas, para proteger as pessoas da subordinação, da exotização, da invisibilização e outras consequências a que se expõem em qualquer sociedade. Para ele, uma sociedade é segura se todos os cidadãos, inclusive os residentes, documentados ou não, têm não só o direito à informação, mas também o direito a serem escutados. Ou seja, o tema da segurança é uma dimensão inerente às esferas públicas abertas à diversidade de línguas e modalidades expressivas. Além disso, a segurança implica que não deve ser usado o espaço cultural de nenhum indivíduo, grupo ou comunidade sem a sua permissão, sobretudo no que diz respeito à política, à publicidade, aos negócios e ao turismo. Segurança quer dizer que a esfera pública deve estar aberta a todos, inclusive os que têm patrimônios diferenciados. Só assim poder-se-ia assegurar qualidade de vida para todos (Delgado, 1998).

O direito à cultura e o circuito fora do eixo

Uma importante vertente de direito cultural foi oferecida por Jean d'Arcy em seu conceito do direito à comunicação, que se baseia não só no acesso à recepção, mas no poder de transmitir mensagens, e assim satisfazer a ideia de segurança de Delgado. Para d'Arcy, esse direito vai além do direito à informação, incluído no artigo 19 da Declaração Universal dos Direitos Humanos. O direito à comunicação é o "ângulo desde o qual o futuro desenvolvimento da comunicação deverá ser considerado para ser completamente compreendido" (d'Arcy, 1969: 14). Mas, como podemos verificar, esse direito à comunicação é muito difícil mesmo na era da Internet, pois não há garantia de que quem se expressa tenha um público. Hoje em dia, o marketing e a publicidade é que fornecem as audiências, até para as páginas de Facebook, que agora virou um instrumento de marketing. Além disso, temos o problema do custo dos produtos e serviços culturais, que dificulta sua aquisição pelas classes C e D. Essa realidade é a que leva a maioria das pessoas no mundo a participar na aquisição desses produtos e serviços em mercados informais, o que leva as instituições que representam as indústrias culturais a caracterizá-los como piratas.

As grandes empresas de entretenimento perseguem os que intercambiam arquivos porque são, segundo eles, uma ameaça à música e aos músicos. Mas hoje em dia existem muitas formas de entretenimento – filme, *videogames* e outros programas – que prosperam fora do regime do *copyright*. Na sua reportagem sobre a pesquisa de Ronaldo Lemos e Oona Castro, *Open Business Models*, o jornalista e blogueiro no site *Cultura e Mercado* escreve acertadamente:

> Enquanto a Sony–BMG, com apenas 52 artistas contratados, lançou, em 2006, ínfimos 18 CDs, no mesmo período, apenas o tecnobrega colocou em circulação cerca de 400 discos, além de movimentar, mensalmente, mais de R$ 6 milhões. Entre as bandas, a maioria nunca teve contrato com uma gravadora. Ainda assim, avaliam como positiva a venda de seus CDs por vendedores de rua. Claro, afinal, cumprem o papel vital de divulgar suas músicas. Do funk carioca ao cinema independente nigeriano, modelos semelhantes espalham-se pelo mundo, colocando em xeque velhos padrões (Minuano, 2007).

As grandes empresas não só são menos eficientes na gestão da diversidade, como também tentam obstaculizar a entrada até dos pequenos no mercado. É o caso da oposição às rádios comunitárias. Diz Adir Nasser Júnior, pesquisador das concessões de radiodifusão, que as rádios comunitárias são vítimas "de perseguição do poder público por conta da legislação restritiva e da fiscalização rigorosa do antigo Dentel e hoje da Anatel, instigada pelas rádios comerciais" (2009: 40).

O regime do *copyright*, vinculado ao sistema privado de financiamento mediante a publicidade na rádio, na TV e, cada vez mais, na Internet, pode obstaculizar a entrada de uma diversidade de produtos e serviços à visibilidade e audibilidade das maiorias. Hoje em dia a diversidade é cada vez mais um valor em si, justamente porque parece fornecer a garantia de que todo o mundo tem direito a se expressar. Mas o poder das grandes empresas e das instituições que policiam a circulação e a distribuição de bens culturais impede que os concidadãos conheçam os patrimônios diversos da sua região, limitando as narrativas com as quais se constrói o comum.

Existem movimentos de resistência – por exemplo, os partidos piratas – mas também movimentos proativos que estão revolucionando não só a cultura, mas também a política. No âmbito da lei, as licenças Creative Commons oferecem uma alternativa ao *copyright*.

Licenças Creative Commons

Somente atribuição (BY)

Atribuição + Uso não comercial (BY-NC)

Atribuição + Não a obras derivadas (BY-ND)

Atribuição + Compartilhamento pela mesma licença (BY-SA)

Atribuição + Uso não comercial + Não a obras derivadas (BY-NC-ND)

Atribuição + Uso não comercial + Compartilhamento pela mesma licença (BY-NC-SA)

Fonte: http://creativecommons.org/licenses/

Segundo a Creative Commons, a organização "disponibiliza licenças que abrangem um espectro de possibilidades entre a proibição total dos usos sobre uma obra – *todos os direitos reservados* – e o domínio público – *nenhum direito reservado*". Por contraste com a prática nas indústrias culturais, essas licenças facilitam que o verdadeiro autor "mantenha seu direito autoral (...) ao mesmo tempo que permite certos usos de sua obra – um licenciamento com 'alguns direitos reservados'" (Creative Commons). O autor pode decidir que todo o mundo pode reproduzir a obra desde que reconheça sua autoria ou que também não resulte em outras obras; ou poderia permitir lucrar com o uso de seu desenho etc. O importante é que o autor tenha o controle.

Também existem movimentos de usuários que criticam o controle e procuram alternativas à produção das grandes empresas; mas os mais interessantes são aqueles que também criam a sua própria expertise e desafiam os especialistas. O trabalho do crítico de arte Stephen Wright é importante a esse respeito e resume as ações de muitos coletivos que reivindicam o uso além da propriedade. Em *Be for Real: The Usership Challenge to Expert Culture*, ele explica que na era da Internet muitos indivíduos e grupos não vão abdicar de sua agência em favor dos especialistas, que, em muitos casos, tomam decisões segundo princípios ideológicos, contra os seus interesses (Wright, 2008).

Um bom exemplo de um movimento de autogestão é o Circuito Fora do Eixo, que surgiu com a proposta de reunir coletivos da indústria da música independente oriundos de áreas periféricas do país (isto é, fora do eixo Rio-São Paulo) e, efetivamente, depois de alguns anos, pode-se dizer que vem realizando um dos mais interessantes e inovativos trabalhos dentro do cenário cultural brasileiro (Yúdice, 2011). Essa rede de economia solidária criou até moeda própria para realizar o escambo entre os coletivos de artistas e produtores da sua rede e, com isso, realizou uma série de experiências bem-sucedidas no setor da música, especialmente envolvendo a música ao vivo (organizando festivais). Dessas experiências acumuladas, desenvolveram uma metodologia e passaram a compartilhá-la com outros grupos de outras cidades. Assim, em 2005, criaram a rede Circuito Fora do Eixo (FDE) com três outros coletivos, de Rio Branco, Uberlândia e Londrina.

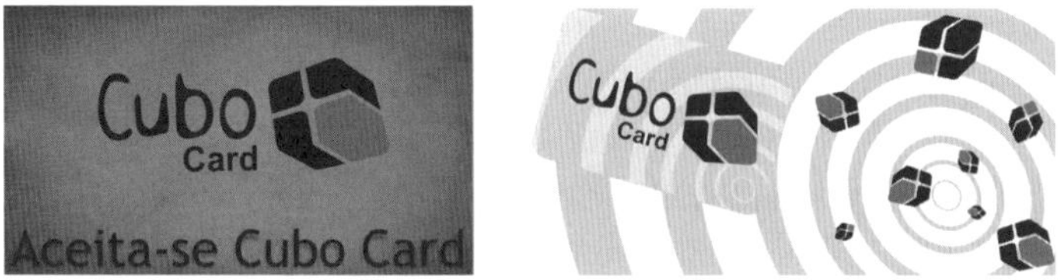

Fonte: site do Fora do Eixo.

A principal atividade desta rede é trabalhar sinergisticamente para fomentar a criação de oportunidades para bandas, como os festivais, e trocar novas tecnologias de produção e gestão da música. O FDE ajudou a criar a Associação de Festivais Independentes (ABRAFIN), que foi importante na organização do *boom* dos festivais independentes nas áreas periféricas do Brasil. Hoje o FDE tem mais de 70 unidades nos 27 estados do Brasil e reúne afiliados na Argentina, Bolívia, Uruguai e todos os países da América Central. Está ainda colaborando com o Setor de Cultura e Integração da América Central (SCI) para criar uma rede semelhante na região. Colaborativamente, o FDE faz circular mais de mil bandas e organiza mais de mil eventos e iniciativas por ano. As mais importantes e influentes são o Grito Rock América do Sul, o Fora do Eixo Festival e o Toque Rock Festival. Além disso, são responsáveis pelos encontros plenários do Congresso Fora do Eixo, Agência Fora do Eixo, Fora do Eixo Card, Fora do Eixo Records, Fora do Eixo TEC (pesquisa e reflexão sobre tecnologia), Fora do Eixo Rádio, Fora do Eixo TV, bem como um centro de pesquisas, o Observatório Fora do Eixo (no qual os membros e convidados pesquisam e aprimoram tecnologias que permitem a tais estruturas descentralizadas operar e crescer). Recentemente, criaram um escritório em São Paulo, que chamam Fora do Eixo no Eixo, de onde coordenam atividades através do Brasil e com grupos em cidades nas Américas e na Europa. Mais de quinhentas pessoas trabalham no FDE para garantir a sustentabilidade dessa empresa alternativa de produção e gestão. Todas as suas atividades e arquivos, inclusive os que tratam de suas finanças, são levados à Internet, para garantir a transparência, usando *software* de *open source.*

Nas palavras do fundador Pablo Capilé, o Circuito Fora do Eixo

> é uma grande rede de coletivos que trocam tecnologias e investem na economia do conhecimento, criando ferramentas para facilitar a construção de instrumentos favoráveis à difusão de produtos culturais, envolvimento na discussão de atividades da juventude, e para agregar mais gente preocupada em ocupar espaço de real força política (Agustini, 2009).

Gabriel Cardoso, do Lumo (coletivo do Recife, Pernambuco), acrescenta que o FDE ajudou os artistas e produtores a ver que a realidade mudou e é preciso atuar de forma mais colaborativa e polivalente:

> os artistas não são somente membros das bandas, eles também atuam de diferentes maneiras. Eles transmitem ao vivo, vão para a estrada, são técnicos de som, diretores de palco. Dentro da rede de coletivos eles executam várias outras funções. Esta é a lógica em que queremos investir nossas energias, para usar a força de trabalho do músico e não simplesmente prosseguir como visionários (idem).

O FDE não está livre de controvérsias: por exemplo, o uso das licenças Creative Commons permite que fonogramas dos artistas sejam apropriados e reagenciados de diferentes maneiras pela rede. Em recentes debates, houve críticas à institucionalização do FDE, sobretudo por sua participação em editais para verbas públicas, que os inserem nos processos de governabilidade. Essas críticas vêm de pessoas que acham que o FDE está perdendo seu utopismo. Eu argumento, ao contrário, que essa institucionalização é necessária para ter ainda mais incidência na restruturação dos circuitos de oportunidade para a atividade cultural. O interessante do CFE é que são grupos ao mesmo tempo utópicos e pragmáticos. Isso é muito evidente nas suas ações políticas, como o papel organizador na Marcha da Liberdade, no começo de junho de 2011. Poder-se-ia dizer que o FDE é, na verdade, um amplo e diverso movimento social que não só fala de direitos, mas atua para implementá-los. Também é importate seu protagonismo na criação do Partido da Cultura, onde fazem *lobby* para transformar o cenário da gestão, entre outras coisas, realizando oposição enérgica aos retrocessos da ministra da Cultura Ana de Hollanda na área de direitos autorais, que, como já vimos, é a frente importante no novo capitalismo cognitivo. Com eles, gestão não é um simples negócio, mas um grande movimento pelos direitos. Acrescente-se que também formaram a Universidade Fora do Eixo para pesquisar e melhorar as tecnologias administrativas, econômicas e sociais que vêm inventando e sampleando. Finalmente, o FDE aliou-se à Central Única das Favelas (CUFA) para criar uma plataforma de inclusão abrangente de todas as classes e raças nesse processo inovador de autogestão.

Como foi visto, novos movimentos culturais, como o FDE, se interessam pelos projetos de transformação social, política e econômica. Em certo sentido, são um equivalente muito mais bem organizado do que os indignados na Espanha e Europa, ou o *Occupy Wall Street* nos EUA. E cabe mencionar mais um ponto: foram jovens que construíram esse movimento, e trazem novas perspectivas ausentes ou pouco elaboradas nos movimentos sociais anteriores.

Conclusão

O nosso périplo pelos direitos culturais mostra que já não mais se pode separá-los dos outros direitos. As exigências do capitalismo cognitivo obrigam que o que se entende e se pratica como cultura se expanda, requerendo estender o conceito de direito humano. Já Eduard Delgado, citado acima, argumentou que segurança tem a ver com cultura, sobretudo no contexto urbano de contato entre diversos grupos. Cada vez mais se concebe a sociedade em relação à diversidade e também se negociam direitos nesses termos. Mas, além da questão dos direitos de convivência, a cultura também exige o direito não só a se expressar, mas também a ter os canais para interceder nas esferas públicas e ter a chance de ser ouvido. Só assim se participa efetivamente na sociedade.

Referências bibliográficas

AGUSTINI, Gabriela. Circuito Fora do Eixo: A Economia do Conhecimento em Rede. Seminário Internacional do Fórum da Cultura Digital Brasileira, 15/12/2009. Disponível em http://culturadigital.br/seminariointernacional/2009/12/15/circuito-fora-do-eixo/. Acesso em 08/12/2011.

COOMBE, Rosemary J.; SCHNOOR, Steven; AHMED, Mohsen. 2007. Bearing Cultural Distinction: Informational Capitalism and New Expectations for Intellectual Property. U.C. Davis Law Review 40.3, março de 2007: 891-917. Disponível em http://lawreview.law.ucdavis.edu/issues/40/3/ distributive-justice-and-ip/DavisVol40No3_Coombe.pdf. Acesso em 07/12/2011.

CREATIVE COMMONS. S/d. Licenças. http://www.creativecommons.org.br/index.php? option=com_content&task=view&id=26&Itemid=39. Acesso em 07/12/2011.

D'ARCY, Jean. Direct Broadcast Satellites and the Right to Communicate. *European Broadcasting Union Review 118*, 1969: 14-18.

DELGADO, Eduard. Transnational and Regional Support for Culture. Conferência apresentada no encontro New Trends in Cultural Policy for the Twenty-First Century, New York University, 01/05/1998.

DONDERS, Yvonne. Study on the Legal Framework of the Right to Take Part in Cultural Life. In: DONDERS, Yvonne; VOLODIN, Vladimir (ed.). *Human Rights in Education, Science and Culture: Legal Developments and Challenges*. Aldershot; Burlington, VT: Unesco; Ashgate, 2007: 231-271.

INSTITUTO INDÍGENA BRASILEIRO PARA A PROPRIEDADE INTELECTUAL. OMPI discute regime sui generis de proteção aos conhecimentos tradicionais. Disponível em http://www.inbrapi.org.br/index.php?option=com_content&view=article&id=119:ompi-discute-regime-sui-generis-de-protecao-aos-conhecimentos-tradicionais-&catid=35:noticias&Itemid=62. Acesso em 07/12/2011.

IGC (Comité Intergubernamental sobre Propiedad Intelectual y Recursos Genéticos, Conocimientos Tradicionales y Folclore). Documento preparado pela Secretaria: La Protección de las Expresiones Culturales Tradicionales/ Expresiones del Folclore: Objetivos y Principios Revisados. WIPO/GRTKF/ IC/9/4, anexo p. 10, 09/01/2006.

_____. Document Prepared by the Secretariat: The Protection of Traditional Cultural Expressions/Expressions of Folklore: Revised Objectives and Principles, Annex, at 3, WIPO/GRTKF/IC/8/4, 08/04/2005. Disponível em http://www.wipo.int/meetings/en/doc_details.jsp?doc_id=55137. Acesso em 07/12/2011.

MACBRIDE COMMISSION. Many Voices, One World: Toward a new more just and more efficient world information and communication order. Londres; Nova York; Paris: Kogan Page; Unipub; Unesco, 1980. Disponível em http://www.scribd.com/doc/22698085/Mcbride-Report. Acesso em 07/12/2011.

MINUANO, Carlos. Mercado cultural reinventado: novos modelos de negócios emergem impulsionado pelas novas tecnologias. In: *Cultura e mercado*, 11/06/2007. Disponível em http://www. culturaemercado.com.br/noticias/mercado-cultural-reinventado-novos-modelos-de-negocios-emergem-impulsionado-pelas-novas-tecnologias/. Acesso em 07/12/2011.

NASSER JÚNIOR, Adir. As concessões de radiodifusão e sua natureza no ordenamento jurídico brasileiro. Monografia de conclusão de curso apresentada à Faculdade de Direito da Universidade Federal do Paraná, como requisito parcial para a obtenção do título de bacharel em Direito, 2009. Disponível em http://www.scribd.com/doc/23226314/Monografia-Adir-Nasser-Junior-GRR-20050010Final2. Acesso em 07/12/2011.

WRIGHT, Stephen. Be for Real: The Usership Challenge to Expert Culture. 2008. Disponível em http://northeastwestsouth.net/zh-hans/node/132. Acesso em 07/12/2011.

YÚDICE, George. *A conveniência da cultura: usos da cultura na era global.* Tradução de Maria Anne Kremmer. Belo Horizonte: UFMG, 2004.

_____. 2011. Novas tendências dos negócios da música. In: HERSCHMANN, Micael (org.). *Nas bordas ou fora do mainstream. Novas tendências da música independente no início do século XXI.* Rio de Janeiro: Estação das Letras e das Cores.

Breves reflexões sobre os árabes e seus direitos (in)humanos

Mamede Mustafa Jarouche

> Meu amigo, na Síria não se respeitam nem sequer os direitos humanos e você quer direitos autorais?
>
> (De um editor sírio ao escritor marroquino Tahar Ben Jelloun, após uma queixa)

A onda de revoluções que começou a agitar o mundo árabe desde o final de 2010, com a derrubada do ditador tunisiano Bin Ali, tem colocado em xeque vários pressupostos e implícitos das relações internacionais. Dentre eles está a correlação de forças que permite, ou não, a "aplicação da lei" por parte dos líderes políticos que dominam o jogo de forças da geopolítica global.

Os atentados de 11 de setembro de 2001 forneceram a justificativa necessária para a derrubada do regime criminoso de Saddam Hussein. Criminoso, note-se, por vários e inomináveis motivos, menos os alegados, pelos seus adversários, como argumento para a sua derrubada. Na época, a par das mentiras sobre as armas de destruição em massa e o envolvimento do ditador iraquiano com o 11 de setembro, muito se falou a respeito dos direitos do povo iraquiano, que de fato eram espoliados e desrespeitados pelo regime totalitário de Saddam. Mas práticas análogas adotadas por regimes "amigos" dos detentores do poder global não foram nem de longe questionadas, o que criava, de maneira bastante explícita, duas categorias distintas de seres humanos: aqueles por cujos direitos essas lideranças vão à guerra e aqueles para os quais esses mesmos líderes não dão a menor importância, incluindo-se nessa última categoria praticamente todos os árabes, quer os que vivem sob governos árabes, quer os que vivem sob o governo israelense, uma vez que a suposta defesa dos direitos de alguns rapidamente se mostra uma falácia para encobrir outros interesses. E nem se fale aqui da prisão de Guantánamo.

O desrespeito aos direitos humanos, tais como estabelecidos pelas Nações Unidas em 1948, sempre foi uma prática usual no Oriente Médio, região da Terra que parece condenada a aceitar e tentar lidar com argumentos falaciosos que se sucedem em uma profusão tão cansativa quanto previsível. Nesse repertório encontra-se desde o chavão, repetido por todos os lados, inclusive por líderes religiosos muçulmanos e políticos árabes "laicos", a respeito da suposta incompatibilidade entre Islã, árabes e democracia até a ideia da doação de uma terra sem povo a um povo sem terra, infâmia que reduzia à invisibilidade e condenava ao degredo populações que têm ocupado a região da Palestina desde tempos imemoriais.

Em certo sentido, a percepção global, notadamente no hemisfério ocidental do planeta – aliás, seu principal propalador através dos meios de comunicação e, sobretudo, entretenimento –, era a de que os árabes são um povo condenado a viver à margem da história, como que destituído dela própria, a vagar pela imensidão inóspita dos seus desertos ruminando tribalismos, praticando taliões e perpetrando barbaridades sem nenhuma lógica, sentido ou significado que transcendam a sua própria incivilidade incurável.

Sem ter aqui a pretensão de excessivas e impertinentes digressões, e muito menos de traçar linhas de continuidade trans-históricas que se perderiam no tempo e quiçá no espaço, seria interessante pensar que, desde a instauração do Islã, no século VII, a questão das relações entre os homens, ou entre governantes e governados – portanto, a questão do poder e seu exercício –, é politicamente pensada por seus letrados como, na essência, uma questão de justiça, logo, conforme a sua lógica, de deveres de uns em relação aos outros. Ao menos é assim que tais relações são produzidas no Alcorão – cujo texto, embora subordine tudo à vontade divina, pensa-a como fundamentalmente justa, em primeiro plano – e nos tratados políticos que proliferam a partir do século VII.

As quatro principais escolas jurídicas sunitas do Islã – o *hanafismo*, o *malikismo*, o *shafi'ismo* e o *hanbalismo*[1] – derivam todas da interpretação do Alcorão e dos demais textos básicos do Islã, quais sejam, o *hadíth* (as falas e atos do profeta) e a *sunna* (as ações e falas dos companheiros do profeta), daí tomando elementos que serão mais ou menos valorizados, conforme a situação e a escola, como o *ra'i* (opinião) e o *ijmá'* (consenso). Elas tratam, essencialmente, dos direitos e deveres dos homens ante si e ante Deus, tudo isso pensado como uma questão de justiça. Justiça, evidentemente, pressupõe e implica uma série de direitos, como os de propriedade, dignidade, respeito, direito à vida, à defesa, dentre tantos outros. Isto é, no caso do Alcorão, uma ordem ético-jurídica que determina a distribuição de tais direitos e lhe delimita a essência, ainda que dela ali não se encontre uma definição clara. Na realidade, embora tenha sofrido alterações conceituais e semânticas, o termo árabe para direito, *haqq*, preexiste ao Alcorão. A Ali Ibn Abi Tálib, companheiro e parente do profeta e quarto califa, é atribuída a ideia de que mesmo o pior governo, para ser governo, é aquele que "faz cumprir os direitos e estabelece as punições". Nos tratadistas políticos, a distribuição de justiça – logo, a verificação dos direitos e de seu desrespeito – é considerada fundamento da manutenção da ordem, conforme assevera, entre outros, Abu Alhasan Almawardi, morto em 1058, em sua obra principal, *Alahkám Assultániyya* (*Os decretos governamentais*, como se celebrizou em sua tradução francesa). Praticamente sem exceção, esses tratadistas mantêm muito próximas, em sua argumentação, as esferas do poder e da justiça, fazendo com que a segunda seja condição da primeira. Como afirma em sua *Almuqaddima* (Prolegômeno) o célebre historiador Abdurrahman Ibn Khaldun, morto em 1406, sintetizando essa postura, "um governo opressivo traz a ruína da prosperidade pública".

Conquanto não se trate, o que seria anacrônico, de uma visão assentada no individualismo moderno, faltando-lhe, em consequência, muito do que contém a Declaração Universal dos Direitos Humanos da ONU, é necessário destacar o fato de que existe uma ordem jurídica distribuidora de direitos para que se evite a armadilha de pensar que nas sociedades árabes e muçulmanas prevaleceu desde sempre a tirania mais cega. Conforme observa o pesquisador português João Silva de Sousa sobre os muçulmanos, eles

> são, por excelência, os que melhor marcam a transposição [do direito] para os séculos posteriores, com a clareza que lhes é peculiar, fazendo luz, no campo do direito e da administração em geral, às instituições que se foram acelerando com base nos preceitos religiosos (1986: 47).

Na verdade, a situação de atraso no mundo árabe e muçulmano no campo dos direitos humanos como em tantos outros se deve a fatores históricos de ordem interna e externa. No plano interno, a vitória, a partir do século XII, das forças por assim dizer "retrógradas" – que representavam os interesses dos grandes latifundiários, dos proprietários de escravos e dos detentores do poder político – levou a um congelamento das interpretações da lei religiosa, praticamente proibindo os esforços no sentido de renová-las (o *ijtihad*), o que provocou uma espécie de estagnação intelectual e, consequentemente, social. Tal estagnação levou à debilitação dos mecanismos sociais, políticos e intelectuais que poderiam impor limites e freios aos poderosos no exercício do poder. Venceu o princípio de que um governo injusto é preferível ao caos. E logo grupos étnicos completamente estrangeiros aos árabes, sendo os turcos otomanos o exemplo mais notório, passaram a dominá-los em sua própria terra e a impor-lhes seus interesses.

Do ponto de vista externo – tudo derivando das condições internas, em última instância – a estagnação facilitou a entrada e o predomínio dos interesses estrangeiros, basicamente europeus, os quais foram pouco a pouco se impondo ao mundo árabe, já no século XIX considerado uma das regiões mais pobres, se não a mais atrasada, do planeta. Isso é tanto mais chocante quando recordamos que, menos de um milênio antes, tratava-se da região mais próspera do mundo, com o maior repertório de conhecimento acumulado, e que cidades como Bagdá, Córdoba, Damasco, Sevilha e, mais tarde, Cairo não tinham rivais no mundo da cristandade, e que os judeus, por exemplo, demonstravam larga preferência pela vida entre os árabes à vida no mundo da cristandade.

Contudo, só para ficarmos num único exemplo da complexa imbricação entre fatores internos e externos, pode-se lembrar um dos relatos que o grande historiador Aljabarti, contemporâneo de tais eventos, faz da invasão napoleônica do Egito, no final do século XVIII. Decerto não por estarem imbuídos de propósitos altruístas, os franceses derrotaram a casta dos mamelucos que comandava o país. Já naquela altura, e desde o século XVI, os mamelucos agiam como prepostos, na verdade, do sultão otomano. Essa casta governava o país da maneira mais discricionária e violenta, organizando autênticas derramas para a coleta de impostos e espoliando camponeses e mercadores. Pois bem, após derrotarem os mamelucos, os franceses constituíram um conselho de sábios e notáveis egípcios, para ajudá-los, de maneira "protocolar", a governar o país, e deles ouviram, perplexos, que os mamelucos é que deveriam ser colocados nos cargos executivos, com o argumento de que o povo egípcio não temia senão os turcos e somente por eles poderia ser governado. Foram atitudes como essa, com toda a certeza, que, devidamente instrumentalizadas, serviram para consolidar a noção de que os árabes são quase que congenitamente incapazes de governos democráticos e de atos de resistência – muito embora, ressalte-se, mais tarde os egípcios tenham expulsado os franceses pagando alto custo em vidas.

Eventuais exemplos de resistência como esse e outros, no entanto, parecem não ter alterado a percepção, cada vez mais arraigada na Europa e nos Estados Unidos, e caudatária de algum Iluminismo, de que esse povo seria bárbaro, refratário à civilização, presa fácil do fanatismo e da estupidez, dado à sujeição mais abjeta e incapaz de qualquer espécie de organização política menos rudimentar. Ao lado disso, e indubitavelmente derivando disso, operavam interesses geopolíticos e econômicos. É de domínio público, e uma das maiores obviedades de nossa época, que o Oriente Médio é estratégico para a Europa, e o petróleo, que existe em abundância naquela região, é fundamental tanto para a sua economia como para a economia do restante do globo. Enfim, já não bastava ao Ocidente, por meio da força militar, ter feito prevalecer os seus interesses econômicos na região; era preciso ir mais longe, submeter totalmente os árabes, destruir-lhes a autoestima e levá-los a desprezar a sua própria cultura. A tarefa, apesar de gigantesca (pois não é pouca coisa fazer a intelectualidade de qualquer povo desprezar a sua própria cultura, ao menos quando esta é milenar e já gozou de grande prestígio), não foi particularmente penosa, para tanto contando com aliados locais, tanto comprados, a preços não raro módicos, como inocentes úteis. As premissas já estavam assentadas entre os árabes: "A cultura europeia é superior porque nos derrotou. E a inferioridade de nossa cultura se evidencia pelo fato de que fomos derrotados, de que nunca conhecemos a democracia, de que não temos tecnologia; tudo o que sabemos fazer, e mal (porque não conhecemos direito nem sequer a psicologia), é poesia." Boa parte da cultura árabe moderna e contemporânea é um grande e patético esforço no sentido de se colocar no patamar da ocidental, e de advogar, às vezes quase mendigar, precedentes.

Veio o ano de 1948, em tudo divisor de águas no mundo árabe. Funda-se o Estado de Israel, cuja existência, a par da opressão brutal que exerce sobre os habitantes da Palestina, é mote e justificativa para a existência das mais violentas e opressoras ditaduras nos Estados da região. Um fato alimentou o outro, malgrados a hostilidade e ocasionais surtos de ódio entre árabes e israelenses. Israel precisa das ditaduras árabes para alegar ser o único "Estado democrático" do Oriente Médio, manter a gritante superioridade dos padrões socioeducacionais da população judia e receber apoio incondicional para os seus projetos expansionistas, além de ajuda econômica substancial, pois se trata de um "pequeno país cercado por inimigos" (quem não se lembra da metáfora de Davi contra Golias?). De outro lado, as tiranias árabes usam Israel, o sionismo e, de quebra, o imperialismo americano como legitimação para a sua existência. Isso mesmo quando se trata de governos claramente "colaboracionistas", o que dá um toque de humor negro à coisa toda. Qualquer relaxamento, alegam, e "o inimigo se introduzirá em nossas fileiras, destruindo nossa coesão e unidade". Coesão e unidade quiméricas, diga-se, pois artificiais, falsas e resultantes de virulenta repressão. Dá-se com o povo árabe um fato curioso, embora trágico: ele é maltratado tanto por governos nacionais como por estrangeiros. Não se pode dizer que um sírio sob governo sírio, por exemplo, tenha os seus direitos mais respeitados que um palestino sob governo israelense. Ser árabe, hoje em dia, é ser estrangeiro em toda parte, espezinhado e humilhado onde quer que esteja, e indesejado em todo lugar, acusado previamente de tudo quanto é mazela e suspeito de todo o mal. Trata-se da mais terrível e deprimente condição entre todas as etnias contemporâneas.

O caso dos direitos humanos, ou, melhor dizendo, da maneira como os direitos humanos no mundo árabe são tratados por um Ocidente que se arroga como distribuidor da justiça, é emblemático. O antigo governo do Iraque, sob Saddam, era opressor e violento, mas não se dizia o mesmo do da Arábia ou da Jordânia, muito menos do de Israel. O da Síria, talvez, desde que, bem entendido, não cessasse a retórica anti-israelense. Ou seja: a importância atribuída aos direitos humanos dos árabes, quaisquer que sejam esses árabes, é diretamente proporcional à retórica anti-israelense de seus governos; quanto mais intensa for essa retórica, mais relevantes se tornam esse direitos, o que produz um círculo vicioso: de um lado, o Ocidente se levanta em defesa dos manifestantes democráticos, fomentando, por outro lado, duas acusações, sendo a primeira a de que o objetivo é obrigar à paz com Israel, ou "acomodação" (*tatbí'*), e, a segunda, que os militantes e postulantes locais dos direitos humanos estão a serviço do Ocidente e do sionismo (o que, aliás, não deixa de ser divertido quando se verifica a preocupação de Israel com o destino do governo sírio, alegadamente o seu maior inimigo na região e no mundo).

Nesse sentido, as atuais revoluções do mundo árabe estão servindo para quebrar, ou mesmo destruir, essa argumentação. Do lado do Ocidente, servem para mostrar que esse povo não tem nenhuma predisposição, por assim dizer genética, a aceitar a submissão, a tirania, a injustiça e o desrespeito aos seus direitos mais comezinhos e elementares, bem como demonstram a relativa impotência dos movimentos religiosos fundamentalistas, espantalho trazido à tona constantemente, e com grande habilidade, pelas tiranias árabes com o propósito de amedrontar a opinião pública mundial e justificar a opressão exercida como inevitável; do lado interno, mostra aos corruptos regimes árabes que a velha argumentação de que a oposição aos governos locais, ou a militância política fora dos quadros governamentais, não passa de quinta-colunismo já não será aceita facilmente, por mais vociferada que seja por bocas e canetas de aluguel, e que a aspiração das massas é por democracia, por liberdade, por igualdade, por justiça, por direitos humanos, enfim. Reivindicações tão fáceis de entender quanto difíceis de atender. Ao lado de tudo isso, o movimento também serve para contestar largamente outra imagem consolidada do árabe, a do rústico primitivo, incapaz não só de compreender a modernidade, como de utilizar os mecanismos que ela põe à disposição de todos.

No presente momento, em 2011, na Síria, na Líbia, no Iêmen, dentre outros países, jogam-se cartadas decisivas para o futuro dos países árabes como um todo, e talvez para o futuro da própria democracia no planeta. Os métodos da repressão não deixam a menor dúvida quanto aos seus propósitos: perpetuar o poder o máximo possível, por maior que seja o custo em vidas. Mas, não obstante toda a sua violência e as tentativas de todos os matizes que o defendem mundo afora, esse poder tirânico claudica e cambaleia, demonstrando uma debilidade que, se não é exclusiva do mundo árabe, nele se manifesta de maneira particularmente intensa. Para usar a expressão de Lênin, o "elo mais frágil" da rede mundial de globalização, os árabes, estão pagando com sofrimento, sangue e dor por sua luta contra a opressão e a exploração, e dando o exemplo, de maneira inusitada, pelo menos nos últimos setecentos anos, a outros lugares cujos problemas nem de longe se assemelham aos seus, como é o caso da Espanha e de Portugal, e, num futuro não distante, quem sabe, outros pontos ainda mais insuspeitos da Terra.

Nota

1 As denominações das escolas derivam dos nomes dos seus fundadores: Abu Hanifa (699-767), Málik Ibn Anas (712-795), Muhammad Alsháfi'i (767-820) e Ahmad Ibn Hanbal (780-855), este último o mais rigorista de todos; um dos seguidores dessa escola, Ibn Taymiyya (1263-1328), contemporâneo das cruzadas, foi proibido de lecionar e contestado por vários outros jurisconsultos contemporâneos; é o pai espiritual do wahhabismo, seita fanática e intolerante que, em aliança com os Estados Unidos, governa a Arábia Saudita e que, direta ou indiretamente, financia movimentos religiosos muçulmanos extremistas mundo afora.

Referências bibliográficas

ALASWÁNI, 'Alá'. *Li-mádha lá yathúr almisriyyún?* (Por que os egípcios não se rebelam?). Cairo: Shurúq, 2010.

ALMAWARDI, Abu Alhasan. *Alahkám assultániyya* (Os decretos governamentais). Kuwait: Dár Ibn Qutayba, 1989.

AMIR-MOEZZI, Mohammad Ali (dir.). *Dictionnaire du Coran*. Paris: Robert Laffont, 2007.

IBN KHALDUN, Abdurrahmán. *Os prolegômenos ou filosofia social*. 3 volumes. São Paulo: Safady, 1958.

KASSÍR, Samír. *Considerações sobre a desgraça árabe*. Lisboa: Cotovia, 2007.

MAAOUF, Amin. *As cruzadas vistas pelos árabes*. São Paulo: Brasiliense, 1988.

SAID, Edward. *Orientalismo*. São Paulo: Cia das Letras, 2008.

SOUSA, João Silva de. *Religião e direito no Alcorão*. Lisboa: Estampa, 1986.

TÁHIR, Bahá'. *Abná' Rifá'a* (Os filhos de Rifá'a). Cairo: Shurúq, 2009.

Sobre os autores

Angela Randolpho Paiva é professora do programa de pós-graduação em ciências sociais do Departamento de Sociologia e Política. Possui doutorado em Sociologia pelo Iuperj e foi pesquisadora visitante na Universidade de Stanford. Seus temas de pesquisa são relações raciais, movimentos sociais, juventude e cidadania. Atualmente é diretora da Cátedra Fulbright da PUC-Rio.

Vera Maria Candau é professora titular do Departamento de Educação da PUC-Rio, doutora em Educação pela Universidad Complutense de Madrid e bolsista de produtividade 1A do CNPq. Suas principais áreas de atuação são educação multi/intercultural, cotidiano escolar, educação em direitos humanos e formação de educadores.

Maria da Glória Gohn é professora titular da Universidade Estadual de Campinas e da Faculdade de Educação da Uninove. Bolsista 1 do CNPq, tem doutorado em Ciência Política pela USP e pós-doutorado pela New School University. É filiada a diversas entidades acadêmicas. Tem experiência na área de sociologia, educação e políticas sociais, atuando principalmente nos seguintes temas: movimentos sociais, educação não formal, associativismo e cidadania.

Nancy Weiss Hanrahan é professora de sociologia da Faculdade de Sociologia da George Mason University. Atua na área de sociologia política com os temas: movimentos sociais de mulheres, políticas de reconhecimento e produção musical. Dirigiu o Centro de Estudos Feministas de sua universidade por vários anos.

Suzanne Oboler é professora de estudos latinos no John Jay College of the City University of New York. É editora fundadora da revista acadêmica *Latino Studies*. Sua pesquisa é sobre direitos humanos com foco específico em raça, imigração e encarceramento nos Estados Unidos, assim como raça, cidadania e pertencimento nas Américas. Publicou vários livros sobre o tema e é coeditora chefe dos quarto volumes da *Oxford Encyclopedia of Latino/as in the United States* (2005) e coeditora dos dois volumes da *Oxford Encyclopedia of Latinos and Latinas in Contemporary Politics, Law and Social Movements* (2012). No primeiro semestre de 2011, foi professora da Cátedra Fulbright da PUC-Rio.

Antonio Carlos de Souza Lima é professor associado de antropologia na Universidade Federal do Rio de Janeiro. Possui doutorado em Antropologia pelo Museu Nacional - UFRJ. Tem experiência nas áreas de antropologia política e história da antropologia no Brasil, atuando principalmente nos seguintes temas: antropologia do Estado, indigenismo, política indigenista e antropologia histórica. Pesquisador do CNPq e da Faperj, cocoordena o Laboratório de Pesquisas em Etnicidade, Cultura e Desenvolvimento (LACED) no Museu Nacional. Desenvolve desde 2003 projetos de intervenção e pesquisa voltados para a educação superior de indígenas com recursos da Fundação Ford.

John H. Stanfield III é professor titular de sociologia da Universidade de Indiana, Estados Unidos. Sua área de atuação são os estudos raciais e tem estudos publicados sobre relações raciais em perspectiva comparada. Foi professor da Cátedra Fulbright da PUC-Rio em 2010.

Bethânia de Albuquerque Assy é professora dos departamentos de direito da PUC-Rio e da UERJ. Bolsista de produtividade 2 do CNPq, tem doutorado em Filosofia pela New School of Social Research e pós-doutorado em direito pela UERJ.

George Yúdice é diretor do Miami Observatory on Communication and Creative Industries e professor e diretor interino do departamento de Modern Languages and Literatures da Universidade de Miami, além do Centro de Estudos Latino-Americanos. Foi também diretor do Centro de Estudos Latino-Americanos e do Caribe da Universidade de Nova York.

Mamede Mustafa Jarouche é livre docente da Faculdade de Ciências Humanas da USP. Tem doutorado em Letras pela USP e é livre-docente em literatura árabe. Tem experiência na área de educação, com ênfase em literatura árabe, atuando nos seguintes temas: orientalismo, narrativa árabe, cultura árabe e Oriente Médio.

Este livro foi impresso em XXXX de 2012, na
XXXXXXX, em XXXXXX.
O papel de miolo é o offset 75g/m^2 e o da capa
é o cartão 250g/m^2. As fontes utilizadas foram
Minion Pro 11/10 e Myriad Pro 13.